AF493891

des arts, des sciences et des empires on dit *florissant*, *florissait*. Le royaume était *florissant*. Les lettres *florissaient* en France, etc.

### SUR LA SECONDE CONJUGAISON EN *ir*.

Conjuguez comme *sentir* les verbes *consentir*, *ressentir*, *pressentir*, *mentir*, *dormir*, *se repentir*, *servir*, *desservir*, *sortir*, *partir*, *ressortir* (sortir de nouveau) et *repartir*, (répliquer, partir de nouveau); mais *ressortir* (être du ressort), *repartir* (partager), et *sortir* (terme de palais) pour *avoir*, *obtenir*, se conjuguent comme *finir*.

### VERBES IRRÉGULIERS DE LA SECONDE CONJUGAISON EN *ir*.

*Bouillir* : présent de l'indicatif, je *bous*, tu *bous*, il *bout*; nous *bouillons*, *etc.* futur, *bouillirai* ou *bouillerai*, conditionnel, je *bouillirais* ou je *bouillerais*. Le reste est régulier.

*Courir*, et quelquefois *courre* : participe *couru*; parfait défini, je *courus*; futur, je *courrai*; conditionnel, je *courrais*. On prononce les deux *rr*.

Conjuguez de même *accourir*, *concourir*, *discourir*, *encourir*, *parcourir*, *recourir*, *secourir*.

*Faillir* et *défaillir* ne sont en usage qu'à l'infinitif : au participe, *failli*, au gérondif, *faillant*, ayant *failli*, au parfait défini, je *faillis*, et aux temps composés, j'ai *failli*, j'avais *failli*, *etc.*

*Fuir* : gérondif, *fuyant*; indicatif présent, je *fuis*, tu *fuis*, il *fuit*; nous *fuyons*, vous *fuyez*, ils *fuyent*. Le reste est régulier.

*Mourir* : participe, *mort*; indicatif présent, je *meurs*, tu *meurs*, il *meurt*; nous *mourons*, vous *mourez*, ils *meurent*; parfait défini, je *mourus*; futur, je *mourrai*; conditionnel, je *mourrais*. On prononce les deux *rr*. *Mourir* prend *être* aux temps composés.

*Ouïr* : participe, *ouï*; parfait défini, j'*ouïs*; imparfait du subjonctif, que j'*ouïsse*. Temps composés, ayant *ouï*, j'ai *ouï*, j'avais *ouï*, *etc.* Les autres temps ne sont pas en usage. On l'emploie ordinairement avec un infinitif, *j'ai ouï dire*, *raconter*, *etc.*

*Quérir*, n'est usité qu'à l'infinitif avec *aller*, *envoyer*, *venir*. *Il va quérir*, etc.

*Acquérir* : participe, *acquis*; gérondif *acquérant*; indicatif présent, j'*acquiers*, tu *acquiers*, il *acquiert*, nous *acquérons*, vous *acquérez*, ils *acquièrent*; parfait défini, j'*acquis*; futur, j'*acquerrai*; conditionnel, j'*acquerrais*; prononcez les deux *rr*. J'*acquierrerai*, j'*acquierrerais*, sont des barbarismes. Le reste se forme de ces temps. Conjuguez de même *enquérir* et *requérir*.

*Conquerir* ne s'emploie qu'à l'infinitif présent; au participe, *conquis* gérondif, *conquérant*, *ayant conquis* au parfait défini, je *conquis*; à l'imparfait du subjonctif, *que je conquisse* et aux temps composés, j'ai *conquis* *etc.*

*Vêtir*, *dévêtir*, *revêtir*, *survêtir*, participe, *vêtu*, *dévêtu* : le reste est régulier. Dans *vêtir*, le singulier du présent de l'indicatif, je *vêts*, tu *vêts*, il *vêt*, n'est guère en usage.

### SUR LA TROISIÈME CONJUGAISON EN *ir*.

On conjugue comme *ouvrir* les verbes *découvrir*, *entr'ouvrir*, *s'ouvrir*, *recouvrir*, *offrir*, *mésoffrir*, *souffrir*, et les suivants qui ont quelques irrégularités.

*Cueillir*, *accueillir*, *recueillir*; part. *cueilli*, *accueilli*, futur, je *cueillerai*; conditionnel, je *cueillerais*. Le reste est régulier.

*Saillir*, (pour *s'avancer en dehors*,), n'est d'usage qu'à l'infinitif, et aux troisièmes personnes. Gérondif, *saillant*; indicatif présent, il *saille*, ils *saillent*; imparfait, il *saillait*, ils *saillaient*; futur, il *saillera*; conditionnel, il *saillerait*, subjonctif, qu'il *saille*; imparfait, qu'il *saillît*.

*Saillir*, pour *s'élancer*, *s'élever en l'air*, *sortir avec impétuosité*, n'a que les troisièmes personnes, et il se conjugue comme *finir*. On dit : *les eaux saillissent de tous côtés. Son sang saillissait, a sailli fort loin.*

*Assaillir* et *tressaillir* : participe, *assailli*; futur, j'*assaillirai* ou j'*assaillerai*. Le reste est régulier, excepté qu'*assaillir* n'a point de singulier au présent de l'indicatif.

### SUR LA QUATRIÈME CONJUGAISON EN *ir*.

Conjuguez comme *tenir* les verbes *appartenir*, *s'abstenir*, *contenir*, *entretenir*, *détenir*, *maintenir*, *obtenir*, *retenir*, *soutenir*, *venir*, *convenir*, *contrevenir*, *intervenir*, etc., en un mot, tous les composés de *tenir* et de *venir*.

NOUVELLE

# CACOGRAPHIE

FRANÇAISE.

LYON, IMPR. DE PÉLAGAUD ET LESNE.

# NOUVELLE
# CACOGRAPHIE
# FRANÇAISE,

OU

## EXERCICES MÉTHODIQUES D'ORTHOGRAPHE,
## DE GRAMMAIRE ET D'ANALYSE

**Adaptés aux principes de Lhomond.**

*A l'usage des Elèves.*

A Lyon,

CHEZ PÉLAGAUD ET LESNE,

GRANDE RUE MERCIÈRE, 26.

*ANCIENNE MAISON RUSAND.*

1840.

NOUVELLE

# CACOGRAPHIE

# FRANÇAISE.

## Ier EXERCICE.

*Différentes sortes d'*e *et d'accents.* (5, 6, 7, 8, 18.)

(*N. B.* L'élève mettra les accents sur les *e* qui en demandent.)

Piete, civilite, recompense, verite, frere, miserable, niece, venerable, createur, precipice, cheminee, comete, reveil, general, elevation, riviere, jarretiere, pulverise, reponse, extreme, misere, fenetre, colere, menace, caractere, bete, breve, feve, fete, chevre, mere, reflechi pepiniere, volonte, bonte, regner, salpetre, poudriere, fecondite, careme, remede, cafe, pelerin, diademe, ecriture, prophete, peril, mepris, vegetation, elevation, reguliere, siecle, vipere, vepres, bleme, priere, modele, piece, comedie, eternite, etc, probite, delivrer, pedant.

## IIe EXERCICE.

*Différentes sortes d'*e *et d'accents.* (5, 6, 7, 8, 18.)

(*N. B.* Les mots à corriger sont en lettres italiques ; et dans ces trois exercices, l'élève n'a que les accents à mettre sur les *e* qui en demandent.)

La *priere* est une *elevation* de notre âme à Dieu; c'est un commerce *etabli* entre le *Createur*, et sa *creature*. Un *pecheur* doit surtout prier avec *humilite ;* à la vue de ses *miseres*, il sera *porte* à s'*aneantir* en *presence* de celui qui lui a *donne* l'*etre*, et qui lui laisse la vie *malgre* ses *iniquites*.— Qu'est-que ce cette vie? en repassant mes *annees ecoulees*, je ne trouve que *vanite* et *neant* : il me semble avoir fait un *reve* dans lequel j'ai *passe* par mille *etats differents*, toujours *agite* d'*idees pueriles*, qui se sont *evanouies* comme une *fumee legere*.— Ce monde n'est qu'un vaste *ocean* : l'homme y est *porte* sur une *frele* barque, souvent battue par la *tempete*, et *exposee* à la fureur des flots. — Le *regne* d'un *mechant* prince est un *fleau* pour les peuples.

## IIIe EXERCICE.

*Accentuation*. (5, 6, 7, 8, 18.)

Deux voleurs *etant entres* dans un village, ne *laisserent* la vie qu'à deux hommes; l'un *etait* aveugle, et l'autre paralytique. L'aveugle chargea le paralytique sur ses *epaules*, le paralytique indiqua le chemin à celui qui *etait prive* de la *lumiere*, et tous deux *gagnerent* un asile. Ainsi, quand on s'entraide, les *miseres* de la vie deviennent plus *legeres*. — Ne *meprisez* pas le peuple; il est le fondement de l'*etat*. Si ce fondement est solide, l'*etat* ne sera point *ebranle*.—Les *anachoretes* menaient une vie *extremement austere ;* après avoir *use* envers leur corps de la *penitence* la plus *severe*, après avoir *triomphe* du *demon*, et s'*etre renies* eux-*memes*, ils doutaient encore s'ils seraient *sauves*. — Ne satisfaites jamais vos *desirs* jusqu'à *satiete* : vous vous *menagerez* ainsi des plaisirs nouveaux. — Souvent un *chetif* pied de terre longtemps *dispute*, a *coûte* dix arpents en frais de *procedure*.

## IVe EXÉRCICE.

*Accentuation*. (5, 6, 7, 8, 18.)

Le *debiteur* se plaint de la *durete* de son *creancier* : *prete*-t-il à son tour, il devient lui-*meme* un *creancier* encore plus *severe*. — On veut passer pour riche et *accredite*, il vaudrait mieux *etre repute genereux* et *sincere*. — Point d'*epee* plus dangereuse à l'homme que sa propre *cupidite* : point de plus sûr bouclier que le *desinteressement*. — *Athenes* fut l'*ecole* et le *sejour* de tous les hommes *celebres* de la *Grece*. — Les *lumieres reunies* aux vertus *meriterent* à Socrate le nom de Sage. — Ce n'est pas parce que la *royaute* est redoutable dans sa *colere* que le *chretien* lui *obeit*, c'est parce qu'il ne peut lui *resister* sans s'*elever* contre Dieu *meme*, et sans *deranger* l'ordre *etabli* par le *legislateur supreme* de la *societe*. — Le *diademe* est souvent funeste à celui qui n'a pas assez d'*autorite* pour *reprimer* les *ecarts* d'un peuple inconstant et frivole. — Ma conduite, disait Montesquieu, *dementira* l'*esperance* des *incredules*.

1.

## Ve EXERCICE.

### *De la voyelle y.* (9, 10.)

(*N. B.* Dans cet exercice, l'élève mettra les accents sur les e qui en demandent, et corrigera les fautes commises contre le principe de la voyelle *y*.)

Ce *paisage* est *agreable.* — Votre *frere* a *use* d'un *moien* criminel. — Le *roiaume celeste* souffre violence. — Ce pilote s'est *noie* à l'*entree* du port. — Le *citoien* qui ne *paie* pas l'impôt, hâte la *decadence* de l'*Etat.* — Ce prince a des vertus *roiales.* — Les *noiaux* de *peches* sont *extremement* durs. — La mort est *impitoiable.* — Le *marechal* est le *doien* des *generaux* de l'*armee roiale.* — La *loiaute* de nos *aieux*, leur *fidelite* à toute *epreuve* fut l'*inebranlable* appui de la *roiaute.* — Le *voiage* me plaît beaucoup. — Les *paisans* du nord sont d'une *sante* robuste.— Nous avons *emploie* toute la *faience* qu'on nous a *envoiee.* — *Paions* les dettes que nous avons *contractees.* — Un fantôme *effraiant* a *jete* le trouble dans l'esprit de mon *aieul.* — Un hidre *effroiable epouvanta* les chevaux d'*Hippolite.* — La colombe est le *simbole* de l'innocence.

## VIe EXERCICE.

### *De la lettre* h. (12, 13.)

(Les élèves placeront l'article, *le*, *la*, *les*, devant les mots suivants qui commencent par un *h* aspiré.)

| | | | | |
|---|---|---|---|---|
| hache. | hanneton. | hâte. | hoquet | hoyau. |
| hachis. | happe. | hausse. | horde. | huée. |
| haie. | harangue. | haut. | hotte. | huguenot. |
| haine. | hardes. | hautbois. | houblon. | huppe. |
| haire. | hareng. | héraut. | houille. | hure. |
| halle. | haricot. | hérisson. | houlette. | hurlement. |
| hallebarde. | harnais. | hêtre. | houppe. | hutte. |
| halte. | harpe. | hibou. | hussard. | |
| hamac. | harpie. | hochet. | housse. | |
| hameau. | harpon. | holà. | houssine. | |
| hangard. | hasard. | honte. | houx (arbre). | |

## VIIe EXERCICE.

*Accentuation* (5, 6, 7, 8, 18); *voyelle* y (9, 10) *voyelles longues et voyelles brèves* (16, 17, 18, 19).

Nous avons *visite* le *chateau* voisin; il a *ete bati* sur la fin du *douzieme siecle.* — Vous avez *apporte* à ma *mere* une *facheuse* nouvelle. — Les *Apotres* que *Jesus*-Christ chargea de *precher* son *evangile etaient* de pauvres *pecheurs.* — On est bien *blamable* de courir après les *commodites* de la vie, et de *negliger* les *interets eternels.* — Les *laches*, après le combat, se sont souvent *empares* des *recompenses destinees* au *merite* et à la valeur *guerriere.* — Il faut faire l'*aumone*; c'est un *precepte* de la *charite.* — La *fete* de *Pentecote etait celebree* en l'honneur de la loi *donnee* sur le mont Sinai, et la *fete* de *Paques* en *memoire* du passage de la mer Rouge. — Les *epitres* de l'*apotre* saint Paul sont des *modeles* de *charite.* —Votre *niece* se remplit la *tete* de mille *fantomes.* — Notre *batiment* a fait naufrage sur la *cote.* — De grandes *revolutions preludent* souvent à la *chute* des empires.

## VIII^e EXERCICE.

*Accentuation* (5, 6, 7, 8, 18); *voyelle y* (9, 10); *voyelles longues et voyelles brèves.* (16, 17, 18, 19.)

Une *male* valeur a souvent *eprouve* l'injustice de la fortune. — *Tot* ou tard on *eprouve* le *degout* de l'*oisivete.* — L'*hotel* des Invalides a un *dome* qui est digne d'*etre admire.* — Lorsque les *batons* flottants furent *arrives* sur la *cote*, les marchands virent qu'ils s'*etaient trompes.* — La maladie m'a *ote* le *gout* de *l'etude.* — La *tempete* a *jete* sur le *mole* un *batiment* que le calme avait *arrete* plusieurs jours. — Mon *diplome* m'a *ete accorde*; vous a-t-on *refuse* le *votre*? — Jamais Socrate ne se *facha* contre sa femme qui le *traitait* avec une *extreme durete.* — Etes-vous *sur* que le *controleur* arrive *bientot.* — Le grand *age* de votre *aieule* l'a *privee* de ses *facultes.* — Ce *theme* ne vous a pas *coute* beaucoup de travail. — Souvent ce qui nous *plait* nous *echappe* au moment *meme* ou nous *croions* le saisir. — Mon fils, ne crains pas le *blame* du *mechant.* — Salomon *regna* sur le *trone* de David son *pere.* — L'*arret porte* contre cet *honnete paisan* a *cause* une *facheuse* impression dans la *cite.*—Les *paiens* et les *idolatres* se *hataient* d'ordonner un *jeune general*, *aussitot* que la *colere* des dieux les *chatiait.* — Vous avez accompli une *tache* difficile.

## IXe EXERCICE.

*Des syllabes.* (23, 24, 25.)

( Les élèves écriront les mots suivants en séparant les syllabes par un trait ).

Pupitre, réflexion, mondain, volontairement, ambitieux, perplexe, mathématiques, artichaux, complexe, richesses, balancement, guêtre, espiéglerie, prêtrise, mortification, extrémité, perle, sexe, merle, article, revanche, espagnol, Hippocrate, Aristide, exemplaire, conversion, irritation, mortelle, tablette, épingle, vomissement, entrailles, citoyen, victoire, héroique, astringent, astronomie, physique, Strasbourg, couvercle, essence, boucle, parenthèse, oignon, arbitrage, poltron, confidentiellement, emplette, bibliothèque, Arles, assemblage, strangulation, déshonneur, accent, oreille, vendredi, importance, Mercure, noyau, syllabe, consonne, arithmétique, algèbre, retentissement, enhardir, enfler, fluxion, rupture, quadrature, nonchalament, gascon, Scipion, feuilles, printemps, automne.

## Xe EXERCICE.

### LE NOM.

*Noms communs.* (27, 28, 29.)

( Les élèves souligneront les noms communs. )

Honorez le Seigneur de votre bien, et offrez-lui les prémices de vos fruits.— Heureux celui qui a trouvé la sagesse et qui est riche en prudence : la sagesse est plus précieuse que toutes les richesses du monde. — Les hommes sages posséderont la gloire : l'élévation des pécheurs fera leur confusion.—Mon fils, soyez attentif aux préceptes que je vous donne, prêtez l'oreille à la prudence que je vous montre; veillez sur vos pensées, et que vos lèvres observent la discipline.—La fourmi n'a ni chef, ni conducteur, ni maître, cependant elle fait sa provision pendant l'été, et amasse pendant la moisson une abondante nourriture.— Il y a six choses que le Seigneur hait : le péché d'orgueil, la langue menteuse, les mains qui répandent le sang innocent, le cœur qui forme de mauvais desseins, les pieds qui courent au mal, le faux témoignage qui assure les mensonges, et l'homme qui sème la discorde entre les frères.

## XI. EXERCICE.

*Noms communs et noms propres.* ( 27, 28, 29, 30.)

( Les élèves écriront l'exercice suivant, en distinguant les noms communs par un seul trait tiré dessous, et les noms propres par deux. )

Saint Louis fut un roi sage et courageux ; il fit régner avec lui la justice, la piété et toutes les vertus. — Le Rhône est un fleuve qui arrose les villes de Lyon, Valence et Avignon. — La Seine prend sa source dans la province de Bourgogne, elle arrose Paris, Troyes, Melun, Rouen, et a son embouchure dans la mer appelée Manche. — Le siècle de Louis-le-Grand fut célèbre par des hommes illustres en tous genres ; Turenne, Condé, Catinat, Villars, parmi les guerriers ; Bossuet, Fléchier, Massillon, parmi les orateurs sacrés ; Boileau, Racine, J. B. Rousseau, Lafontaine, parmi les poëtes, Saint Réal et Fleury, parmi les historiens ; La Bruyère et Nicole, parmi les moralistes. Ce fut encore sous ce règne que la France vit naître sa première école de peinture, illustrée par les noms de Poussin, Lesueur, Lorrain ; la sculpture et l'architecture offrirent aussi de grands artistes, tels que Puget, Mansard et Perrault.

## XIIe EXERCICE.

*Noms communs et noms propres.* (27, 28, 29, 30.)

( Les élèves écriront l'exercice suivant, en distingant les noms communs par un seul trait tiré dessous, et les noms propres par deux. )

Charlemagne appelé par le pape Adrien, dont les états avaient été envahis par Didier, roi des Lombards, prit ce roi dans Pavie, sa capitale ; et, après l'avoir fait transporter en France, il se fit couronner souverain de Lombardie, à Mouza près de Milan. Ensuite il déclara la guerre aux Saxons; qu'il défit en plusieurs combats, et dont il renversa la fameuse idole appelée Irminsule. Bientôt il se rendit maître de l'Espagne, jusqu'à l'Ebre; de l'Italie, jusqu'à la Calabre, et de la Germanie, jusqu'aux rivières du Raab, et de la Vistule. En l'an 800, étant allé à Rome punir un attentat commis contre le pape Léon, ce pontife lui mit la couronne impériale sur la tête, pendant que Nicéphore, empereur d'orient, faisait un traité de paix avec lui. Ce prince est un des plus grands rois qu'ait eus la France. Sa valeur, sa bonté, sa grandeur d'âme, son amour pour les sciences, sa charité pour les pauvres, son zêle pour l'Eglise et pour ses ministres, l'ont rendu la gloire de la monarchie et l'admiration de l'univers.

## XIIIe EXERCICE.

*Du genre des noms.* (nº 31.)

(Les élèves placeront l'article devant les mots ci-après, et en désigneront le genre par un *m* ou un *f* écrit au-dessus.)

Jardin, monde, poupée, fer, homme, fille, pied, étoile, terre, mer, pic, bras, tête, guerre, roi, fusil, reine, monarque, officier, chanoine, plume, lune, soleil, papier, chaise, lumière, porte, fenêtre, chambre, pot, serviteur, jour, enclume, tiroir, table, chatte, oiseleur, nuit, fleuve, tempête, vaisselle, trésor, église, évêque, soldat, ministre, encre, pilote, étude, secrétaire, canif, parfum, philosophe, crayon, règle, moine, trophée, voleur, prière, plumet, rivière, campagne, laboureur, armoire, ardoise, étui, chaumière, pierre, marbre, feuille, arbre, plante, fontaine, poire, statue, promenade, salade, laitue, cage, vertu, cocarde, marque, royaume, princesse, volume, peinture.

## XIVe EXERCICE.

### *Du genre des noms:* (n° 31.)

(Les élèves placeront l'article devant les mots ci-après, et en désigneront le genre par un *m* ou un *f* écrit au-dessus.)

Ornement, planète, satellite, comète, orbite, cap, golfe, montagne, volcan, éclipse, continent, rocher, océan, marée, courant, source, île, clocher, paroisse, curé, étang, marécage, air, pluie, éclair, tonnerre, foudre, nuages, flûte, route, voiture, roue, diligence, flot, réservoir, grammaire, verbe, bibliothèque, ouvrage, architecte, volet, banc, chaise, aiguille, couleur, fauteuil, mouchoir, bonnet, boîte, relieur, dorure, plâtre, peintre, tapisserie, souffle, sable, mur, cuisine, foyer, bouteille, vin, buffet, matelassier, tuile, grenier, toit, chenet, pincette, balance, soufflet, assiette, chaudron, cuiller, cave, meuble, cadre, drap, oreiller, carafe, marmite, palais, canapé, broche, lampe, huile, balon, écrevisse, poisson, cuve, pouvoir, cabinet.

## XV$^e$ EXERCICE.

*Du nombre des noms.* (32 et 33.)

(Les élèves mettront au pluriel tous les mots des deux exercices 13 et 14 ci-derrière.)

## XVI$^e$ EXERCICE.

*Du nombre des noms.* (34, 35, 36, 37.)

(Les élèves mettront au pluriel les mots suivants, et placeront devant chacun d'eux l'article *les.*)

Choix, nez, taux, signal, hôpital, cheval, prix, journal, agneau, bateau, crucifix, oiseau, tombeau, désaveu, tableau, écrou, joyau, tuyau, château, lynx, gaz, bail, soupirail, travail, arsenal, perdreau, écriteau, tribunal, bijou, caillou, canal, mal, général, flambeau, corbeau, cardinal, neveu, cheveu, berceau, couteau, congrès, carquois, palais, procès, cristal, animal, fanal, croix, rideau, noix, ruisseau, voix, secours, fils, moineau, chou, caporal, métal, total, libéral, genou, détail, épouvantail, ciel, œil, ciel-de-lit, œil-de-bœuf, aïeul, éventail, lambeau, manteau, diurnal, original, travail (*machine*), jeu, feu, fanal, maréchal, clou, chevreau, lieu, brutal, fuseau, lambris, marais, pays, français, carreau, bocal, confessionnal.

## XVII^e EXERCICE.

*Récapitulation depuis le* n° 5 *jusqu'au* n° 37.

Le Seigneur *detruira* les *dessein* et les *richesse* des *pecheur.* — Les *riche* doivent *sécourir* les *pauvre.* — Les *paisan* de nos *hameau* ont des *vertu* qui font leur bonheur. — Les *enfant* dociles font les *delice* de leurs *parent.* — Les *arme* de nos anciens *soldat etaient l'hache*, *l'hallebarde* et les *javelot.* — *L'hibou* pousse des *cri* lugubres au milieu des *tenebre.* — Celui qui *ecoute* les *reprimande* salutaires est digne d'habiter parmi les *sage.* — Celui qui fait la *charite* au pauvre *prete* au Seigneur à usure, et le Seigneur lui rendra ce qu'il lui avait *prete.* — Mes *enfant*, *ecoutez* les *conseil* des *homme sage*, et recevez leurs *instruction.* — Celui qui afflige son *pere* ou sa *mere* est un *infame* et un *malheureu.*

Les *inclination* des *enfant* font *connaitre* si leurs *action* seront pures un jour. — Les *rapine* et les *violence* des *impie* seront leur ruine. — Les *victime* qu'offrent les *mechant*, sont abominables, parce qu'elles sont le fruit de leurs *crime.* — Effaçons par une conduite *reguliere* la *facheuse* impression qu'ont produite nos *egarement.* — Le roi a *donne* une *fete champetre* dans le parc du *chateau;* elle *presentait* un aspect *joïeu.* — Les *territoire* nombreux dont l'Angleterre s'est *enparée*, formeraient une carte *geographique conparable* à celle des *Romain.* — A de *lache outrage*, les *chretien* n'opposaient qu'une patience *inebranlâble.* — La peur *ote* à l'homme toute *reflexion*, et lui fait oublier le plus cher de ses *interet*, celui de sa *surete.* — *Neron* fut un *tiran impitoiable ;* ses *sujet* ne pouvaient *s'empecher* de *l'haïr.*

*L'hareng* est un petit poisson que l'on *peche* sur les *cote* des *pais* septentrionaux, et sur les *bord* des *iles* de la Norwège. — Comprenons par les *egarement* des *paien* quel est l'*abime* où la *lumiere* de l'Evangile nous a *empeches* de tomber. — *L'hardiesse* de ces *enfant* sera cause de leur *chute.* — Les *castor* se rassemblent sur les *bord* des *riviere* et des *etang*, pour former une *espece* de *republique :* ils se *batissent* des *maison* avec beaucoup d'art et de *solidite* ; leurs *pied* de devant leur servent de *main*, et ceux de *derriere* leur servent de *nageoire.* — Au *moien* de sa trompe, l'*elephant* saisit les plus petites *chose.* — Au lieu des *machoire* des *quadrupede*, les *oiseau* ont un bec avec lequel il *broyent* leurs *aliment.* — *Voiez* avec quelle *dexterite* l'hirondelle *batit* son nid pour y *deposer* ses *petit.* — L'autruche a jusqu'à sept *pied d'hauteur.* — *L'harangue* de ce *general* a *embrase* les *cœur* de ses *soldat.* — Les *affliction* sont des *epreuve* que Dieu nous *envoye.* — *Fuiez* les *ami* corrompus ; leurs mauvais *exemple.* sont pernicieux. — *Jésus* s'est *immole* pour le salut de tous les *homme.*

## XVIIIe EXERCICE.

### L'ARTICLE.

( de 39 à 44. )

( Les élèves mettront l'article devant les mots suivants. )

**Modération, influence, honneur, honte, homme, aiguille, égard, roc, outil, écrivain, famille, entreprise, ignorant, affront, étranger, hauteur, écritoire, mode, fantaisie, épreuve, académie, habitude, discours, rubis, histoire, hostie, herboriste, héros, heure, fil, bras, émail, actrice, addition, énigme, alouette, apôtre, journée, mois, année, archevêque, étain, élève, lumière, éclair, corps, odeur, esprit, jument, beauté, cahier, jeunesse, mémoire, enfance.**

## XIXe EXERCICE.

*L'Article.* ( de 39 à 44. )

( Les élèves mettront l'article *le*, *la*, *les*, *l'*, *du*, *des*, *au*, *aux*, devant les mots suivants, selon le genre et le nombre, les initiales et le sens de la phrase. )

**...Hauteur... rocher...—Gloire... héros... — Nous avons reçu... nouvelles de... expédition. — Nos soldats iront... combat avec... ardeur... lion. —...**

Probité est... route... plus sure pour se conduire dans... société. —... Tombeaux sont... témoignage de... fragilité de... vie et de... brièveté... temps. — ... Indolence est... suite de... insouciance. — ... Intérêt nuit... sentiment de... amitié. — ... Hameau plaît... bergers, comme... cour plaît... rois. — ... harnais... cheval. — ... Amitié est à... âme de celui qui aime ce que... âme est... corps qu'elle anime. — ... Pompe... enterrements regarde plus... vanité... vivants que... honneur... morts. — ... Aveuglement... hommes est... plus dangereux effet de... orgueil. — Nous revenons... château. — Nous irons... champs. — ... Goût de... étude procure bien... jouissances... écoliers. — ... Conquérant... plus superbe est sujet.... misères.... souffrances... corps comme... dernier... hommes.

## XXe EXERCICE.

### L'ADJECTIF.

(45, 46.)

(Les élèves souligneront les adjectifs qualificatifs des phrases suivantes.)

La loi chrétienne est une loi juste, raisonnable; une loi conforme à la règle universelle. — Un peuple rebelle attire sur lui de terribles châtiments. — Les chants agréables et harmonieux du rossignol. — L'enfant docile et laborieux. — Le jardin superbe et fertile. — Les campagnes riantes de la Provence. — Des moyens puissants mènent à des fins sublimes. —

Qu'entend-on par un grand génie ? un esprit qui a de grandes vues, puissant, fécond, éloquent. — Et par une grande fortune ? un état indépendant, commode, élevé, glorieux. — Les caractères d'une âme vertueuse sont bien plus précieux. — Dieu est un esprit éternel, infini, tout-puissant, et incompréhensible à notre faible nature humaine.

Le docile et le faible sont susceptibles d'impressions : l'un en reçoit de bonnes, l'autre de mauvaises; c'est-à-dire que le premier est persuadé et fidèle, et que le second est entêté et corrompu.—Ainsi l'esprit docile admet la vraie religion et l'esprit faible en admet une fausse. — J'appelle mondains, terrestres ou grossiers ceux dont l'esprit avide est attaché à une petite portion de ce monde périssable et passager. — Il y a des hommes qui attendent à être dévots et religieux, que tout le monde se soit déclaré impie et libertin ; ce sera alors le parti vulgaire : ils sauront s'en dégager. La singularité leur plaît dans une matière si sérieuse et si profonde.

## XXI<sup></sup>e EXERCICE.

*Formation du féminin des adjectifs.* (48, 49.)

(Les élèves écriront les adjectifs ci-après, en les mettant au féminin.)

Prudent, petit, grand, vert, niais, vrai, haut, joli, uni, pur, dur, mondain, dévot, brun, badin, abject, cru, bleu, ras, hardi, supérieur, poli, clair, charmant, gris, mauvais, lourd, civil, galant, fier, dernier, plein, sain, gai, saint, brillant, sanglant, impur, certain, droit, couvert, habile, utile, aimable, savant, maudit, ardent, insensé, étranger, timoré, innocent, prompt, léger, nu, lourd, fin, rusé, second, antérieur, majeur, inférieur, criard, friand, rond, élégant, opulent, cuit, uni, noir, étroit, profond, amer, obscur, clair.

## XXII^e EXERCICE.

*Exceptions à la règle de la formation du féminin des adjectifs.* (50.)

(Les élèves écriront les adjectifs ci-après, suivant le genre des substantifs qu'ils qualifient.)

L'enfant muet..., la fille muet... — Le chagrin cruel..., la douleur cruel... — Le voyageur las..., la femme las... — Le bien temporel..., la peine temporel... — Le lion cruel..., la lionne cruel... — Le père bon..., la mère bon... — Le profit net..., la gravure net... — L'homme bouffon..., la femme bouffon... — Le fils gentil..., la fille gentil... — Le gain annuel..., la richesse annuel... — Le principe nul..., la règle nul... — Le remords éternel..., la souffrance éternel... — Le veau gras..., la génisse gras... — Le vin vermeil..., la rose vermeil... — Le raisonnement sot..., la raison sot... — Le toit plat..., la figure plat... — Le fleuve gros..., la rivière gros... — Le mur ancien..., la tour ancien... — Le cheval las..., la jument las... — Le vice bas... l'habitude bas... — L'arbre pareil..., la plante pa-

Le poil ras..., la barbe ras... — Le livre épais..., la chevelure épais.

## XXIII<sup>e</sup> EXERCICE.

*Exceptions à la règle de la formation du féminin des adjectifs.* (51.)

( Les élèves écriront les adjectifs ci-après, suivant le genre des substantifs qu'ils qualifient ; au pluriel, au lieu de *un, une*, ils mettront *des.*)

Un voile blanc, une ceinture blanc... — Un homme franc, une parole franc... — Un air frais, une figure frai... — Un vin sec, une terre sec... — Un vieillard caduc, une personne caduc... — Un cours public, une place public... — Un discours naïf, une réponse naï... — Un habit neuf, une chemise neu... — Un compliment bref, une voyelle brè...— Un général grec, une armée grec... —Un enfant bénin, une figure béni...—Un ouvrier actif, une dame acti...—Un serviteur craintif, une servante crainti...—Un homme veuf, une femme veu... —Un élève oisif, une jeune fille oisi...— Un champ productif, une vigne producti... — Un malheur excessif, une douleur excessi... — Un enfant juif, une fille jui... — Un manteau long, une harangue long... — Un esprit malin, une langue mali... — Un mouvement vif, une parole vi... — Un soldat captif, une nation capti...— Un ordre négatif, une proposition négati... — Un regard attentif, une oreille attenti... — Un son plaintif, une romance plainti... Un turban turc, une ville tur... — Un signe approbatif, une lettre approbati...

## XXIVe EXERCICE.

*Exceptions à la règle de la formation du féminin des adjectifs.* ( 52, 53.)

( Les élèves écriront les adjectifs ci-après, suivant le genre des substantifs qu'ils qualifient. )

Le charlatan trompeur et menteur, la magicienne trompeu... et menteu...—L'écolier parleur, la femme parleu... — Le grand'père conteur, la grand'mère conteu... — Le publicain pécheur, la femme péche...— Le vice honteux, la passion honteu...— Ce prince est mon protecteur, cette princesse est ma protect... — Le directeur de l'opéra, la direct... du pensionnat. — Le capitaine valeureux, la cohorte valeureu... — Le diamant précieux, la couronne précieu...— Le paysage délicieux, la contrée délicieu... — Le sort heureux, la rencontre heureu... — L'ami dangereux, la lecture dangereu... — Le saut périlleux, l'occasion périlleu ... — L'évènement joyeux, la fête joyeu... — L'ami vertueux, l'épouse vertueu... — Le frère jaloux, la sœur jalou... — Le tyran faux, la promesse fau... — Le poil roux, la toile rou... — Le lièvre peureux, la tourterelle peureu...— Le langage doux, la physionomie dou...

## XXV$^e$ EXERCICE.

*Formation du pluriel des adjectifs.* (54, 55, 56, 57.)

( Les élèves mettront au pluriel les exercices 21, 22, 23 et 24.)

## XXVI$^e$ EXERCICE.

*Formation du pluriel des adjectifs.* (de 54 à 58.)

Ces *jardin* sont *beau* et *agréable.* — Ces *fruit* ne sont pas *nouveau.* — Louis et Paul sont deux *frère jumeau.* — Le pays oriental, les *peuple* orient... — Le conte moral, les *conte* mor... — Le péché capital, les *péché capit...* — Le chiffre décimal, les *nombre* décim... — Le côté principal, les *côté* princip...—Ceci m'est égal, les *homme* sont ég...— Ce langage est bien trivial, ces *ruses* sont bien triv...—Un caporal brutal, des caporaux brut... — Les *arbrisseau* de nos *verger* donnent des *abricot excellent.* — Les *enfant paresseu* sont *méprisable.* — Ces *tableau* sont bien *frai.* — Nos *tonneau* sont *plein* de vin. — Vous avez des *chevaus* très *lent* et très *petit.* — Les *ignorant* sont *orgueilleus* à l'excès ; ils sont aussi *grand parleur* et *insupportable* en société. — *Toute* les *histoire* des *revenant* ont leur source dans l'imagination des *ignorant* et des *peureus.* — Voilà des *prune savoureuse* et des *raisin exqui.* — Ces *rosier* sont encore *verd*, malgré les *chaleur excessive* du mois d'août. — Ces *poire* ne sont pas *bonne crut;* elles sont trop *dur.* — Les *fruit* de ces *arbre* sont *délicieus*, lorsqu'ils sont *cui.*

## XXVII° EXERCICE.

*Accord des adjectifs.* (59, 60, 61.)

Nous avons éprouvé une *noir* tempête. — Choisissez-vous de *vrai* amis. — Ces *negre* sont doués d'une force *surnaturel*. — Nos soldats ont visité des régions *lointaine*. — Sous le pôle on est exposé a des jours *froid* et à des nuit plus *rigoureuse* encore. — Ce n'est que par une application *assidu* et des efforts *constant* que les *jeune* gens obtiendront des succès *rapide* et *certain*. — Les vertus de la vie *civil* sont *précieuse* dans un magistrat. — Des *dépense superflu* et *immodéré* ont conduit ces *jeune orgueilleu* à leur perte. — La mort du sage est le soir d'un jour *serin*. — Une politesse *simple* et *naturel* plait, tandis que des *manière géné* et *affecté* sont *penible* et *insupportable*. — Une fausse conclusion est une conséquence *naturel* d'un *fau* principe. — Les athées doivent dire des choses parfaitement *clair*; or, est-il parfaitement clair que l'âme soit *matériel*?

Les *dernié* instants de cet homme ont été *horrible*. — Il n'y a de *vrai* consolation que dans la vérité *seul*. — Sans la résignation *intérieur*, les maux *extérïeur* nous sont une *nouvel* occasion de péché. — Quoique ma vie ait été *exempt* de *grand* crimes, elle a été néanmoins *odieuse* à Dieu par ma négligence *continuel*, par le *mauvai* usage des plus *auguste* sacrements, par l'inutilité *total* de mes actions *principal* et par la perte *entier* du temps. — Cet homme a une douceur toujours *égal*. — Ces tableaux sont *ravissan*. — Cette allée et ce berceau de verdure sont *agréable* et *pittoresque*. — La louange et la flatterie sont toujours *pernicieuse* aux esprits *faible*. — Le poste que vous avez obtenu n'est point une faveur *réel*. — Les actions *criminels* sont flétries par la réprobation *public*. — Les vertus *social* ne sont pas *commune* dans notre siècle. — Pourquoi appelle-t-on académique un discours *fleuris*, *élégan*, *ingénieu*, *harmonieu*, et non un discours *vrai*, *lumineu* et simple. Où cultivera-t-on la *vrai* éloquence, si on l'énerve dans l'académie ?

Il y a des hommes qu'il ne faut jamais voir *petit*. — Cette personne possède une douceur et une égalité d'esprit *merveilleuse*. — La clémence et la majesté sont *peinte* sur le front de cette auguste enfant. — La vie et le bonheur de ce capitaine sont *attaché* au succès du combat. — Cet acteur joue avec un goût et une noblesse *parfaite*. — La rose et la violette sont *belle*. — Mon oncle et ma tante sont *satisfaits* de ma conduite. — La réputation et la gloire sont *précieuse* à un héros. — La philosophie avec ses *vain* systêmes, n'a pas produit un sage *accomplit*. — La véritable amitié est l'effet de l'estime *naturel*. — Aristide laissa après lui une réputation et une gloire *solide*, *sûr* et *durable*. — La plus *pur* vertu déplaît aux *fau* sages. — La grandeur et la richesse sont *caduc*. — Il est des hommes *fier* de leur infamie. — L'île de Calypso avait des bains *claire* et aussi *pur* que le cristal. — C'est le christianisme qui nous a conservé le dépôt *précieu* des études *grec* et *latine*. — Votre père n'est pas doué d'une humeur et d'un caractère *égale*. — L'Espagne et le Portugal sont *voisines*. — Cette promenade et ce parc sont fort *anciennes*. — Mon gilet et mon habit sont *neuf*. — Le jasmin et la rose sont *odoriférentes.* — La patience et la fermété de ce général sont *inébranlable.* — Votre frère et votre sœur sont *instruites.* — La joie et l'abondance sont *répandu* dans nos *fertile* campagnes.

## XXVIII^e EXERCICE.

*Degrés de signification.* (de 64 à 73.)

(L'élève en écrivant les phrases suivantes, indiquera à quel degre de signification sont les adjectifs qui les composent.)

Homme habile, — moins prudent, — plus sage, — aussi vigilant, — plus actif, — très laborieux, — fort courageux, — moins arrogant, — humble, — pieux, — plus savant, — aussi adroit, — moins bon, — meilleur, — pire, — moins mauvais, — le moins hardi, — bien petit, — moindre, — le moindre, mon plus cher, — au plus vertueux, — notre moins précieux, — le plus exécrable, — ses plus chers, — nos meilleurs, — les plus prompts, — la moindre, — très craintif, — les plus respectables, — fervent, — très fervent, — le moins utile, — vos plus sacrés, — aussi content.

## XXIX^e EXERCICE.

*Adjectifs démonstratifs.* (75, 76.)

(L'élève mettra *ce*, *cet*, *cette* ou *ces*, devant les mots suivants, selon le genre et le nombre.)

Général, servante, élèves, dames, fille, homme, ambassadeur, bureaux, volets, oiseaux, sable, mer, scrupules, fiançailles, hôte, héros, châtelain, passion, volcan, rivière, montagnes, habitant, vagues, banque, chefs, nœuds, évangile, journaux, horde, angoisse, espace, orgueil, honneur, intervalle, obélisque, héroïnes, clé, humiliation, hauteur, glace, os, roc, joie, arrosoir, arc, éloges, chef-d'œuvre, hydre, alcove, incendie, thême, horreur, hôpital, secrets, odeurs, hennissement, offre, image, livre, image, lièvres, hasard, hiatus, index, écritoire, hôtel, manteau, anges, ciel, autel, ministère, prières, soupir, usage, racines, sciences, leçon.

## XXXe EXERCICE.

### *Adjectifs possessifs.* (77, 78.)

(L'élève mettra selon le genre et le nombre, *mon*, *ma*, *mes*, devant les mots précédés de la lettre *m*; *ton*, *ta*, *tes*, devant les mots précédés de la lettre *t*; *son*, *sa*, *ses*, devant ceux qui sont précédés de *s*; *notre*, *votre*, *leur* ou *leurs*, selon que les mots seront précédés de *n*, *v* ou *l*.)

*t.* mère, *s.* résolution, *m.* repentir, *m.* honte, *t.* embarras, *s.* encre, *s.* instruction, *m.* parents, *t.* frères, *s.* reproches, *t.* mains, *m.* réflexions, *m.* épée, *l.* avertissements, *n.* raisons, *v.* fortune, *s.* œil, *s.* habitation, *m.* hache, *t.* maison, *v.* château, *l.* chevaux, *t.* coffre, *n.* mère, *l.* père, *s.* aïeux, *s.* couteau, *m.* appartements, *t.* écriture, *s.* voiture, *v.* exhortations, *t.* papier; *s.* hangar, *m.* houlette, *l.* troupeaux, *m.* affaire, *s.* espoir, *t.* espérance, *m.* étui, *s.* morale, *l.* armées, *t.* droits, *s.* drap, *l.* couverture, *m.* conscience, *t.* analyse, *s.* fusil, *t.* humeur, *s.* âme, *n.* empereur, *s.* accents, *t.* enfance, *s.* histoire.

## XXXI^e EXERCICE.

### *Adjectifs qualificatifs; adjectifs démonstratifs et possessifs.*

Récapitulation. ( de 48 à 78. )

( L'élève corrigera les fautes d'orthographe. )

*Cette* homme a été condamné à la peine *capital* pour les crimes *nombreu* qu'il a commis. — Les *bon* offices et les présents gagnent moins de cœurs que les paroles *honnête* et *poli*. — Nos *voisin* sont *malheureu*; ils on perdu deux de *leur* enfants qui étaient *dou*, *obéissant* et *studieu*. — *Cet* femme est *cruel*; elle a maltraité sans pitié *ces* enfants, et le tribunal l'a condamnée aux travaux *publique*. — *Cette* administrateur est bien digne de son *nouvelle* emploi. — Le serpent *infernale* fit espérer à nos *premié* parents que le fruit défendu éclairerait *leurs* esprit, et les rendrait *semblable* à des dieux. — Les *mauvais* compagnies détruisent les *meilleur* inclinations. — Les avantages *précieu* que la nature nous prodigue sont *nulle* dans les hommes *vicieu* et *immorals*. — La satisfaction qu'on tire de la clémence est *éternel*. — Imitez vos parents; *leur* exemples conduiront vos pas *chancelant* dans la carrière des vertus *social*.

Les *bel* manières de *cet* personne ajoutent un

*nouvelle* éclat et un *nouveaux* prix aux présents qu'elle fait. — Si vous aimez *se* jeune homme, donnez-lui des avis *salutaire*. — *Cet* tête est pleine d'expression. — *Ses* artistes finissent bien *leur* tableaux. — Avez-vous retenu les particularités de *cet* histoire *vrai* et *intéressantes*? — *Ses* acteurs ont un talent *supérieure*. — Voici les dispositions *intérieur* de *cet* maison : ici de *grande* chambres, là de *petis* appartements, plus loin des cabinets *obscur* et *étroi*. — *Cet* mère ne veut pas que *ces* fils goûtent les plaisirs même *permit* et *innocen*. — Que j'aime *se* serviteur *assidut*, *soumi* et *laborieu*, qui emploie *tout* les instants qu'il doit consacrer à *ces* travaux *journaillé*! — *Se* jeune homme est le *dernié* de *tout* les élèves. — Nos parents ont une *bel* possession ; *leur* jardins sont *charmant* et *garnit* de fleurs *varié* et *rare*. — *Ses couteau* sont *pointu*, le manche en est *pla* et la lame *aiguisé*. — *Cet* dame a un visage *ron*. — *Cette* orateur a un esprit *fécon*. — *Cette* homme était armé d'un bâton *lon*, *for* et *noueu*.

## XXXII$^e$ EXERCICE.

*Pronoms personnels.* (de 85 à 101.)

(L'élève soulignera les pronoms personnels, en indiquant au-dessus la personne par un chiffre, et le nombre par une des deux lettres S ou P.)

Si tu veux réussir, il faut que tu en prennes les moyens. — Je suis sûr, mon fils, que tu penses à moi. — J'ai entrepris de vous prouver combien vous avez tort. — Ces hommes ne sont pas morts ; donnez-leur du secours. — Je me flatte que je serai content de toi. — Vous voudriez bien connaître la chimie; cette science vous serait très utile. — Moi, je veux qu'on m'adore, et non pas qu'on me craigne, dit le Seigneur. — Nous désirerions peu de choses avec ardeur, si nous connaissions ce que nous désirons.— Pamphile ne s'entretient pas avec les amis qu'il rencontre, il les évite. — Je me dis souvent que je serais heureux, si je savais borner mes désirs. — Le Sage se dit chaque jour : A quoi ai-je employé ma journée ?

Les défauts de l'âme sont comme les blessures du corps; quelque soin qu'on prenne de les guérir, elles sont à tout moment en danger de se rouvrir. —Ces sentiments sont du nombre de ceux qu'on ne s'ôte et qu'on ne se donne point. — Peu de gens sont assez sages pour préférer le blâme qui leur est utile à la louange qui les trahit. — Souvent quand nous louons les autres, nous voulons nous attirer des louanges, lorsqu'il semble que nous leur en donnons. —Un homme colère qui voudrait se corriger de ses emportements, n'aurait qu'à compter combien de pardons il est obligé de recevoir. —L'ambitieux s'expose à tout pour sortir d'une obscurité dont il s'indigne, et se faire une fortune et un nom.

La liberté de la presse est, dit-on, comme la lance d'Achille, elle guérit les blessures qu'elle a faites; quand il en serait ainsi ne vaudrait-il pas mieux qu'elle ne fît pas de blessures ? —Dans l'enfance, on nous porte; dans la jeunesse, on nous châtie; dans l'adolescence, on nous réprime; dans l'âge mûr, on nous asservit; et dans la vieillesse on nous mène. —Le prêtre consacre tous les instants de sa vie aux besoins du pauvre; il se sacrifie à l'instruire, à le consoler, à l'encourager; il lui voue son repos, ses plaisirs, sa fortune, et souvent il en est outragé! — L'affaire est importante : donnez-y tous vos soins. — La vertu porte sa récompense avec soi. — Fais à autrui ce que tu voudrais qu'il fît pour toi, et ne lui fais pas ce que tu ne voudrais pas qu'il te fît.

## XXXIII<sup></sup>e EXERCICE.

*Pronoms démonstratifs et possessifs.* (de 102 à 105.)

(L'élève soulignera les pronoms démonstratifs et possessifs ; il corrigera en même temps les fautes d'orthographe faites contre les règles. (102, 103 et 105.)

*Se* temple a une façade magnifique. — *Set* avis est avantageux. — *Selui* qui *ce* (99) croit habile *ce* (99) trompe souvent. — *Se* qu'est le charbon à la braise, l'homme colère l'est pour allumer des querelles. — Ceux qui abandonnent la loi, louent les méchants ; ceux qui l'observent s'irritent contre eux. — *S'est* être fou que de *ce* (99) reposer sur un avenir qui ne nous appartient pas. — Ce n'est pas la pauvreté qui dégrade l'homme, *se* sont les vices honteux auxquels il *ce* (99) livre. — Si cela était arrivé, les journaux en auraient fait mention. — *S'est* à Dieu que nous sommes redevables de tous nos avantages. — *Se* sont vos neveux qui ont obtenu *se* prix honorable. — *Se* seront nos soldats qui attaqueront les premiers *se* corps d'armée. — Le Seigneur bénit *seux* qui espèrent en lui. — *S'é*tait vous qui me teniez *se* langage.

*Seux* qui m'aimeront me suivront : *s*'est ainsi que parlait un grand capitaine. — Un bon général a autant d'attention à cacher *ces* (77) desseins, qu'à découvrir ceux de l'ennemi.—*Se* fut lui qui *ce* (99) hâta d'arriver le premier.—Notre province est plus fertile que la *votre*. — Vos parents sont venus voir les miens. — Mes frères ont acheté une maison, la leur n'était pas habitable. — Mon chapeau est tout neuf, le *votre* est usé. — As-tu vu mes livres ? Ils sont plus beaux que les tiens. — Notre tante est arrivée, la *votre* ne viendra que demain. — *Ses* fleurs *ce* sont flétries *se* matin. — N'achetez pas *ses* pommes ; *se* sont des fruits de mauvaise qualité. — Vos chevaux sont fatigués, les miens ne le sont pas autant. — Vous avez vu *se* soir *ses* chasseurs ; *se* sont les mêmes que nous avons rencontrés hier. — L'Église *c*'est (99) établie malgré les persécutions ; *s*'est une preuve de la divinité de *ces* (77) préceptes.

## XXXIVe EXERCICE.

### *Pronoms réfléchis* (99) *et pronoms démonstratifs*. (103.)

( L'élève placera *ce*, *c'*, *se* ou *s'*, suivant les règles nos 99 et 103.)

Ce ne sont pas mes parents qui... sont engagés à faire... que vous demandez. — Le sage ne... estime pas au-dessus des autres.— ...est être dans une erreur grossière, que de... flatter d'un succès incertain. — ... est moi qui vous ai averti ; et... est vous qui retirerez profit de mes avis.— ... est en vous, ô mon Dieu, que l'homme... confie ; et sa confiance... fonde sur votre bonté infinie. — ... est par le péché que la mort est entrée dans le monde, et ... est le Christ qui en a triomphé. — Louis est fort laborieux, ... est lui qui a remporté tous les prix de sa classe.—... sont les plus ignorants qui ont le plus de présomption. — Ils ... étaient promis un secours mutuel. — Cet enfant est bien nonchalant, ... serait un miracle de le voir réussir; il ne ... est jamais donné ni peine, ni souci. — Est-... moi qui ai tort dans cette affaire? — Non, ... sont vos parents qui ... étaient engagés à me soutenir. — N'est- ... pas un miracle de créer quelque chose de rien?... en est un aussi grand de conserver ... qui est une fois créé. — ... sont les passions qui éloignent les incrédules de la foi — ... sont ceux qui ... parent du beau nom de philosophes qui ... servent le moins de la philosophie.

## XXXV<sup>e</sup> EXERCICE.

*Pronoms relatifs ; pronoms indéfinis.* (107, 113.)

( L'élève soulignera et analysera les pronoms relatifs et les pronoms indéfinis, marquant les premiers de ces deux lettres *P R*, et les seconds des lettres *P I*. )

La rose qui fleurit le matin, se fanne sur le soir. — Les leçons que nous offre l'histoire, sont frappantes. — Ces observations auxquelles vous n'avez pas pris garde, sont celles qui m'ont tant surpris hier.—Une nation qui s'amuse à faire des lois, et qui laisse périr la religion, ne ressemble pas mal à un homme qui s'amuserait à décorer sa chambre dans une maison que les flammes dévorent. — Grands de la terre, qui dites que (1) la religion n'est nécessaire qu'au peuple, expliquez-moi donc en quoi vous êtes plus vertueux que lui! — Faites aux autres tout ce que vous voudriez qui vous fût fait. — Que dirait-on d'un médecin qui ne s'occuperait qu'à flatter son malade, et négligerait les remèdes propres à écarter la mort qui s'avance. — Les personnes auxquelles vous avez rendu ce service, savent tout ce qu'elles vous doivent. — La ruse dont votre fils a fait usage, ne le conduira certainement pas au but vers lequel il tend.

On a beaucoup discuté pour savoir quel emplacement occupait le paradis terrestre. — Il n'est point de malheur dont quelqu'un ne profite. — Autrefois il n'y avait qu'une seule morale, et chacun la connaissait : c'était celle de l'Evangile. — Quiconque veut être heureux, doit souvent se persuader qu'il l'est. — Personne ne nierá la vérité des faits dont vous nous avez parlé. — L'on hait celui que l'on craint trop. — Tel rit aujourd'hui, qui pleurera demain. — Ces deux loups se sont dévorés l'un l'autre. — Plusieurs m'ont assuré que nos troupes ont remporté la victoire. — Tout va bien, et chacun est content. — Cette précaution a été approuvée de tous. — Nous n'avons encore reçu aucune lettre de mon père dont nous sommes beaucoup en peine. — Tout prend fin ici-bas, rien n'est immortel. — Certain me dit hier : Prenez garde aux piéges que l'on vous tend.

---

(1) Que est conjonction quand il ne peut pas se tourner par *lequel*, *laquelle*.

## XXXVIe EXERCICE.

*Accord du pronom avec le nom.* ( 114 et 115. )

( L'éléve corrigera les fautes d'orthographe. )

*Cet* maison n'est pas solide; celle que nous venons de construire le sera davantage. — Le père est fidèle à ses devoirs, mais le fils ne l'est pas aux *sien*. — Votre voiture est-elle arrivée ? la *mien* ne l'est pas encore. — Ces moyens ne sont point nouveaux ; *il* sont mis en usage depuis longtemps. — Que penser de semblables fautes ? *elle* excitent notre indignation. — Incrédules, voulez-vous faire renoncer les peuples à *leur* croyances religieuses, montrez-leur une société florissante sous l'empire des *vôtre*. — Saint Grégoire-le-Grand fit rendre aux Juifs *leur* synagogues, pour y prier Dieu selon *leur* rites et *leur* usages. — L'impiété a rejeté les maximes de l'Evangile pour nous faire adopter les *sienne* : Hélas ! où nous mèneraient-*elle* ? — Souvent battus par les princes chrétiens, les Arabes avaient renoncé à *leur* entreprises ; *leur* brigandages n'étaient pas aussi fréquents , parce qu'*il* étaient plus souvent réprimés, mais *il* épiaient les occasions favorables. — Quand il s'en présentait quelqu'une, *leur* barques légères sillonnaient les flots ; *elle* se tenaient au large jusqu'à la chute du jour, puis *elle* venaient, au milieu du silence de la nuit, s'amarrer à la côte, et débarquaient *leur* cruels passagers qui apportaient avec eux le ravage et la mort. Telles furent les vexations *auxquel* la chrétienté fut longtemps exposée.

2..

## XXXVIIe EXERCICE.

*Récapitulation générale sur l'introduction et les quatre premiers chapitres.*

(L'élève corrigera les fautes d'orthographe.)

Depuis qu'il a *ete decide* qu'il serait *honteu* pour nous, au dix-*neuvieme siecle*, d'avoir rien de commun avec nos *bon ayeu* qui n'*etaient* que des *ignorant barbare*, nous avons *èssaié* bien des *maniere nouvel* de nous constituer sous une forme stable, et jusqu'à *present* nous n'avons pas *réussi*. *Se malheure* (1) ne tient qu'à une *petit* précaution *qu'on negligée* les *moderateur* de nos *destinee*, et dont il devient urgent *qu'il* s'occupent de suite : *S'*est, au lieu de s'amuser à *détroner* les *tiran* de la *tèrre*, de commencer par *detroner celui* du ciel, qui *pretend*, *malgre toute* nos si *belle invention*, gouverner encore les *societe* par les *loi immuable* qu'il a *etablie*. *Ses grand homme* doivent comprendre en *éffet*, qu'*il* auront beau changer les *notre* ici-*ba*, tant que Dieu aura le droit de ne pas changer les *sienne*, et le pouvoir de les faire *éxecuter*, *il* ne feront qu'aggraver nos *mau*, en proportion de *se* qu'*il c'*en *ecarteront* davantage. Qu'*il* prennent donc un peu de courage ; qu'*il detronent* tout de bon *se* Dieu *rétardataire* ; ou,

(1) Les noms en *eur* ne prennent d'*e* muets à la fin.

s'*il* désespèrent d'y *reussir*, qu'*il* reconnaissent enfin, *apres* une si *dur experience*, que *s*'est folie de lutter contre leur *createur*.

Le luxe et la trop *grand* opulence dans les *etat* sont le *presage assure* de *leurs* décadence, parce que *tout* les *particulié* s'attachent à *leur* intérêts *propre*, et *ce detournent* du bien *publique*. — Le *vraie moien d'etre trompe*, *s*'est de *ce* croire plus *fint* que les *autres*. — Il suffit quelquefois d'*etre grossier* pour n'*etre* pas *trompe* par *une habil* homme. — Les plus *habil* affectent toute *leure* vie de *blamer* les *finesse*, pour *c*'en servir dans les *occasion*. — La jeunesse change *ces gout* par l'*ardeure* du sang, et la vieillesse conserve les *sien* par coutume. — Comme *s*'est le *caractere* des *gran esprit* de faire entendre en peu de *parole* beaucoup de *chose*, les *petis esprit*, au contraire, ont le don de beaucoup parler et de ne rien dire. — Le monde *recompense* plus souvent les *apparence* du *merite*, que le *merite même*. — Il est quelquefois difficile de juger si un *procede*, *nette*, *sincere* et *honnete*, est un *éffet* de *probité* ou *d'habilete*.

Craignez un Dieu *vengeure* et tout *se* qui le blesse, *s*'est là le *premié* pas qui *mene* à la *sagèsse*. — Ne plaisantez jamais ni de Dieu ni des *Saint*, laissez *se vile* plaisir aux *jeune libertin*. — Que *vôtre piete* soit *sinceres* et *solides*, et qu'à *tout* vos discours la *verite preside*. — Tenez *vôtre* parole inviolablement, et ne la donnez pas *inconsiderement*. — *Soiez officieu*, *complaisan*, *dou*, *affâble*, *polit*, *d'humeure egal*, et vous serez aimable. — Du *pauvres* qui vous doit n'augmentez point les *maus*; *paiez* à l'*ouvrié* le *pris* de *ces travaus*. — Bon *pere*, bon *epou*, bon *mai-*

*tre* sans faiblesse, honorez vos *parent* surtout dans *leurs* vieillesse. — Du bien qu'on vous a fait, *soiez* reconnaissant; montrez-vous *genereu*, *humin* et *bienfaisans*. — Donnez de bonne *grace;* une *bel maniere* ajoute un *nouveaux pris* au *presens* qu'on veut faire.

Sans *être familié aiezune aire aise*, ne *decidez* de rien qu'*apres* l'avoir *pese*. — A la *réligion soiez* toujours *fidel;* on ne sera jamais *honnete* homme sans *elles*. — La vertu, qui orne et fortifie l'*ame*, est un don *precieu*. — Mon *pere*, malgré son *grant age*, fait encore les *délice* de la *societe*. — Je voudrais avoir sans cesse à mes *coté* un ami *sincere*. — L' *apreté* de ce rocher sombre et *grisatre* n'est cachée par *aucune* arbrisseau. — Les *droit sacré* de *l'amitie* sont *inviolable*. — *Tout* les *etats* sont *honorable*, s'ils sont *utile* et *honnete* — Nous avons *bati* un mur *mitoien* qui *separe* nos *possession* de celles de *vôtre mere*. — L'armée *francaise* est *aguerri* et *disciplinė*. — Les *arbre* les plus *haut* sont plus exposés aux *coup* de la *tempete*. — Le travail et le courage *joint* ensemble et longtemps *soutenu* renversent bien des obstacles. — En parlant trop avantageusement de soi, on est *sur* de *ce* faire tort dans l'esprit des *autré*. — Les *corne* sont la *defense* des *taureau;* les *dent*, *celles* du chien; la raison, *celles de l'hommes*.

## XXXVIIIe EXERCICE.

*Le verbe*. (126.)

(L'élève en écrivant les verbes ci-après en indiquera par un chiffre la conjugaison.)

Porter, venir, éternuer, bâtir, concevoir, fendre, saisir, devoir, donner, applaudir, vouloir, prendre, feindre, pouvoir, prier, sauter, lire, dire, voir, faire, périr, disparaître, convenir, mériter, renoncer, subvenir, dégénérer, croître, danser, accourir, empirer, échoir, grandir, échapper, remplir, souper, éclaircir, atteindre, tordre, plier, prétendre, percevoir, agir, gémir, parler, choisir, taire, oublier, amollir, goûter, pendre.

Enfouir, briller, décevoir, brunir, piller, écraser, peindre, ceindre, tordre, brûler, répondre, enflammer, vendre, frire, mourir, naître, partir, rester, déchoir, parvenir, aller, venir, blesser, assaillir, croire, mouvoir, ouvrir, teindre, pleuvoir, ouvrir, boucher, pourvoir, battre, falloir, rire, voler, abstraire, absoudre, accabler, admettre, étouffer, valoir, bénir, boire, manger, frire, circoncire, surseoir, clore, coudre, suivre, avancer, réunir, éclore, dissoudre, exclure, servir, nuire.

## XXXIXe EXERCICE.

*Verbe auxiliaire* avoir.

(L'élève, après avoir appris le verbe *avoir*, le copiera plusieurs fois sans consulter la grammaire, jusqu'à ce qu'il l'écrive correctement.)

## XLe EXERCICE.

(*Il en fera de même du verbe* être.)

## XLI^e EXERCICE.

### *Verbes* avoir *et* être.

(L'élève analysera de la manière suivante les verbes ci-après.)

| | |
|---|---|
| Nous avons. | 1^re personne plurielle, au présent de l'indicatif du verbe *avoir*. |
| Il a été. | 3^me pers. singulière, parfait indéfini, mode indicatif, verbe *être*. |
| Que j'eusse. | 1^re pers. singul. imparf. mode subjonctif, verbe *avoir*. |
| Etant. | participe présent, mode infinitif, verbe *être*. |

Ils eurent. — j'ai été. — que tu aies. — vous serez. — aie. — avoir. — être. — que j'eusse eu. — ayant. — étant. — avoir été. — soyez. — j'avais. — nous serions. — j'ai eu. — il avait. — qu'ils aient été. — sois. — ayons. — vous aviez eu. — ils auraient. — je serai. — tu serais. — j'aurais. — j'aurai.

Je serais. — que tu aies été. — devant avoir. — vous étiez. — il a été. — qu'il eût eu. — vous fûtes. — nous eûmes eu. — vous auriez. — ils seraient. — nous avions eu. — vous auriez été. — ayant eu. — qu'il eût. — ayez. — elles ont. — elle est. — tu as. — ils ont. — été. — eue. — avoir été. — nous étions. — vous seriez. — elle a.

## XLII^e EXERCICE.

### *Première conjugaison*, aimer.

(L'élève après avoir bien appris le verbe *aimer*, le copiera plusieurs fois, sans consulter la grammaire, jusqu'à ce qu'il l'écrive correctement.)

## XLIIIe EXERCICE.

### *Seconde conjugaison*, finir.

(Il en fera de même du verbe *finir.*)

## XLIVe EXERCICE.

### *Verbes* aimer *et* finir.

(L'élève corrigera les fautes d'orthographe suivantes, sans consulter la grammaire.)

Tu aime. — j'eu aimé. — il fini. — nous aimeront. — qu'il eu finit. — il aimerais. — ils finirait. — nous eume aimé. — il at aimé. — tu a fini — aimes. — fini. (impératif.) — ils eure aimé. — nous finission. — vous aimié. — ils aimait. — tu avait finit. — finire. (infinitif.) — avoir du aimé. — aiman. — finit. (part. passé.) — qu'ils aime. — que tu finisse. — qu'il aima. — qu'il fini. (imparf. subj.) — il finiras.

Finissont. — que tu aimasse. — que tu finisse. — je finirait. (conditionnel prés.) — je finirais. (futur.) il aurait aimé. — que je finisses. — que j'aimes. — que nous aimassiont. — qu'ils finisse. — devoir aimé. — ayant finit. — qu'il finit. (prés. subj.) — tu aurait fini. — finissont. — il at eut fini. — j'eu eut aimé. — il finissai. — tu aima. — tu finissait. — tu avait aimé. — que tu eus aimé. — que tu aie fini — qu'il aie fini. — qu'ils ait aimé — que vous finissiez.

## XLVe EXERCICE.

### 3e *Conjugaison*, recevoir.

(L'élève, après avoir bien appris le verbe *recevoir*, le copiera sans consulter la grammaire, jusqu'à ce qu'il l'écrive correctement.)

## XLVIe EXERCICE.

### 4e *Conjugaison*, rendre.

(il en fera de même du verbe *rendre*.)

## XLVIIe EXERCICE.

### *Verbes* recevoir *et* rendre.

(L'élève corrigera les fautes suivantes, sans consulter la grammaire.)

Je reçu. — je rendit. — tu recevait. — il rendais. — nous reçume. — vous rendite. — ils reçure. — ils rendire. — rend. — reçoit. — nous rendriont. — nous recevriont. — ils aurait rendu. — j'eu reçu. — que tu eus reçut. — qu'il eus rendu. — que tu rende. — je reçevrait. — que je reçoivent. — que tu rendit. — qu'il rendisse. — qu'il reçusse. — je reçu. — tu rendit. — que tu reçoive. — qu'ils reçoive. — tu recevrait. — que tu eusse rendu.

Que vous rendissié. — je recevrait. — tu rendrait. — ils reçevrait. — ils rendrait. — ils aurait rendu. —

il aurais reçu. — reçevoire. — qu'il eusse reçu. — qu'ils eusse rendu. — je rendrait. (futur) — je recevrais. (futur.) — tu rendra. — tu recevra. — qu'ils rende. — qu'ils reçoive. — qu'ils rende. — qu'il reçoivent. — ils rendrait. — que tu aie rendu. — qu'il aye reçu. — ils rendait. — ils recevras. — il eus rendu. — ils avait reçu. — que j'ayes rendu. — qu'ils aye rendu.

## XLVIIIe EXERCICE.

*L'élève conjuguera le verbe* appeler.

(Voir le n° 131.)

On distingue les temps des verbes en temps *simples* et en temps *composés*. Les temps simples sont ceux où il n'entre qu'un seul mot avec le pronom : les temps composés sont formés de plusieurs mots. *J'aime* est un temps simple, et *j'ai aimé*, un temps composé.

(D'après ce principe, l'élève écrira de nouveau l'exercice 44e et analysera chaque verbe, comme suit. On pourra en faire la matière de deux devoirs ou exercices.)

| | |
|---|---|
| Tu aimes. | mode indicatif, 2e personne singulière présent, temps simple. |
| J'eus aimé. | indicatif, 1re personne singul. parfait antérieur défini, temps composé. |

(Il en pourra faire de même, s'il est nécessaire, de l'exercice 47e.)

## XLIX<sup>e</sup> EXERCICE.

*Exercice sur un verbe de chaque conjugaison.*

( L'élève consultera le n° 133 de la grammaire, et le tableau des finales des temps simples, pages 46, 47, 48 et 49. )

Accuses. — il nourri. — tu tend. — il aperçois. — j'accusait. — tu nourrira. — que je tendes. — il apercevrais. — que tu accusasse. — tu nourrit. — tu tendait. — j'apercevrait. ( fut. ) — tu accuserait. — qu'ils nourris. ( subst. prés. ) — que j'aperçoives. — tu accuse. — il nourrissaient. — je tendrais. ( futur. ) — tu apercevrait. — que j'accusés. — qu'il nourri. ( subj. imparf. ) — il tends. — il accusais. — tu tendrait. — que tu aperçoive. — accusont. — nourissé. — vous apercevé. — ils accuserons. — nous nourrissiont. — que vous tendissiés. — ils aperçoive. — ils tendrait. — ils nourrisse. — nous apercevront. — tu accusera. — qu'ils nourrisse. — que tu tendisse. — qu'il aperçu. — qu'il accusa. — qu'il nourri. — qu'il tendi. — ils nourrissait. — ils apercevrait. — qu'il eu aperçu. — nous eume tendu. — vous eute nourri. — que tu eus accusé. — nourrire. — apercevoire.

*L'élève conjuguera le verbe* jeter. (Voir le n° 131.)

## L$^{e}$ EXERCICE.

*Formation des temps des verbes.* ( de 135 à 139. )

( L'élève analysera les verbes ci-dessous comme suit. )

| | |
|---|---|
| Je bâtirai. | 2$^{e}$ conjugaison, indic. 1$^{re}$ personne sing. futur, temps simple et formé du prés. de l'infinitif, en changeant *r* en *rai, bâtir, je bâtirai.* |
| Tu concevrais. | 3$^{e}$ conjugaison, condition. 2$^{e}$ pers. sing., présent, temps simple, et formé du futur de l'indic. en changeant *rai* en *rais, je concevrai, je concevrais.* |
| Il a compris. | 4$^{e}$ conjugaison, indicatif, 3$^{e}$ pers. sing. parf. indéf., temps composé de la 3$^{e}$ pers. sing. du présent de l'ind. de l'auxiliaire *avoir* et du participe passé passif, *compris.* |

J'appelais. — il appellera. — il a appelé. — j'instruirais. — nous connaissons. — vous apercevez. — j'eus bâti. — j'aurai payé. — que j'adoucisse. — conçois. — que je conçoive. — que je chante. — j'avais promis. — que je cueillisse. — que tu chantasses. — prends. — je comprenais. — nous bâtimes. — nous prenions.

( L'élève conjuguera les verbes *moudre*, et *plaindre.* )

| | |
|---|---|
| Temps primitifs. | moudre, moulant, moulu, je mouds, je moulus,<br>plaindre, plaignant, plaint, je plains, je plaignis. |

(Chaque jour l'élève conjuguera deux verbes irréguliers ou défectueux du tableau, pages 54, 55 et 56 de la grammaire.)

## LIe EXERCICE.

*Sujet du verbe.* (n.° 142.)

(L'élève corrigera les fautes contre la règle 143, et soulignera le sujet de chaque verbe.

Nous approuvont. — je priait. — il abonderat. — nous prendront. — vous rampé. — tu a compri. — il as ouver. — nous parlame. — vous eute medité. — j'ais mesuré. — ils parlait. — elles sortait. — nous aviont parlé. — j'ait avoué. — nous n'avoueront pas. — que je parlent. — qu'ils prie. — qu'elle aie parlé. — il avais repri. — ils abonde. — que tu avouasse. — qu'elle avoua. (imparf. subj.) — il partageraient. — elles avait partagé. — tu n'avait point partagé. — ils partageront.

Les auteurs efface. — le pauvre prierat. — les prêtres méditerons. — le fermier sorti. (parfait. défini 3e pers.) — l'avare s'abstenais. — les courtisans on rampé. — les portiers aurais ouvert. — les femmes aurons parlé. — le coupable avouerais. — les écoliers oserait. — ils aurait osé. — les rois avais coutume. — le prince offrirais. — ce jeune homme haïssais. — ces jeunes gens haïrons.

## LII<sup>e</sup> EXERCICE.

### *Sujet du verbe.* (144. 145. 146.)

(L'élève corrigera les fautes des verbes, et soulignera leurs sujets.)

Le général et le soldat a combattu vaillamment. — Le poète et le musicien s'applaudisse. — L'histoire et la poésie est utiles; mon frère et ma sœur les étudie. — L'Italie et l'Espagne renferme de très beaux monuments. — Moi et mon ami iront (145) les visiter. — Jacques et Jean, fils de Zébédée, était apôtre. — Le roi et Aman se rendire chez la reine Esther. — Samuel dit à Saül : demain vous et vos fils seront (145) avec moi. — Abraham dit à Loth : moi et vous ne pourront (145) habiter ensemble. — Toi et les tiens, disait le loup à l'agneau, ne m'épargnent guère. (145) — Jacob dit à Joseph : est-ce que moi, votre mère et vos frères vous adoreront? — Le fermier et son fils moissonne. — La mère et la fille se promène. — Moi et vous vous avertissez. — Le sujet et le prince est soumis à la mort. — Votre ami et moi laboureront. — Moi et ta tante sortiront aujourd'hui.

## LIII<sup>e</sup> EXERCICE.

### *Régime du verbe actif.* (de 151 à 155.)

(L'élève corrigera les fautes d'orthogr. des mots qui sont en caractères italiques, et distinguera les régimes directs des régimes indirects, en tirant une ligne sous chacun des premiers et deux sous chacun des seconds.)

Un *chrétiens dois* donner le *bonné éxemple* à *ces semblable.* — Louis *as* donné trois *franc* à un *pauvres.* —Dieu le *recompenseras* de *cet charité.* — Joseph *vandais* du blé aux *Egyptien* et aux *autre peuple.* — Daniel *dis* au roi : vous *ête* le *rois* des *roi*, et Dieu vous *at* donné la *forces*, l'*empires* et la *gloires.* — Jésus-Christ attaché à la *crois*, *promis* au bon larron une *places* dans son *roiaume.* — Les *vieillard* de Lacédémone *preferait leure* nourriture simple et *frugal* aux mets les plus *exqui.* — Cyrus *rendi* aux *juif* les *vase sacré* du temple de *jerusalem.* — La *batailles* de Cannes *soumis* à Annibal les plus *puissant peuple* de l'Italie, et *enlevat* aux *romain* leur plus *ancien* alliés. — Esaü *osat ménacer* Jacob de la mort. — Mon oncle *at* acheté une *bel* maison; il nous la *feras* visiter la semaine *prochène.*

Les *eveques* du concile de Nicée *féliciter* l'empereur Constantin du *zele* qu'il *montrais* pour l'Eglise. — La fourmi invite au travail les *enfant paresseu.* — La voie *etroites condui* les *homme* au salut. — Les Samnites *envoyère* à Fabricius une grande somme d'argent; mais *se genereu citoïen* la *refusat.* — L'empereur et *ces* fils *écrivire* à S. Antoine une *lettres* fort respectueuse; le saint anachorète la *reçu* sans orgueil. — Ruben et *ces frere envoiere* à Jacob *leurs* père la robe de Joseph, après l'avoir trempée dans le sang d'un *chevreaux.* — Scipion ayant *surpri* des *espion* carthaginois, loin de les *punire*, les *renvoia sain* et *sauf* à Annibal, après qu'ils *eure éxamine* à loisir le *camps* des *romain* — Le philosophe Anaximène *usat* de ruse pour *obtenire* du *rois* la *conservations* de sa *patries.* — Les *pauvre demande l'aumone* aux *riche;* mais souvent ils n'en *obtienne* rien. — Cinna *avaient* conjuré la *pertes* d'Auguste; l'*empereur* l'*appris* de l'un des *complice*. — Pyrrhus *appris* des *messager* de Fabricius que son *médecins voulais* l'empoisonner. — L'*aumones, disais* Tobie à son fils, *délivrent* l'*hommes* de la mort *eternel*. — Nous *mourront* : la nuit qui *succèdent* au *jours* nous *averti* de cela. — Trois *scélerat accuser* d'un *crimes atroces* le *sain eveque* Narcisse.

## LIVe EXERCICE.

### *Verbes conjugués interrogativement.*

(L'élève conjuguera sous la forme interrogative les verbes *porter*, *bâtir*, *concevoir et comprendre.*)

| *Indicatif présent.* | *Parfait défini.* | *Futur* |
|---|---|---|
| Porté-je? | portai-je? etc. | porterai-je? etc. |
| portes-tu ? | *Parfait indéfini.* | *Futur passé.* |
| porte-t-il ? | ai-je porté ? etc. | aurai-je porté? etc. |
| portons-nous ? | *Parfait antérieur.* | *Conditionnel présent.* |
| portez-vous ? | eus-je porté. | porterais-je ? etc. |
| portent-ils ? | *Plus-que-parfait.* | *Conditionnel passé.* |
| *Imparfait.* | avais-je porté? | aurais-je porté ? etc. |
| portais-je ? etc. | avais-tu porté? etc. | |

On dit aussi : eussé-jeporté? etc.

(*N. B.* Ces verbes ne sont pas usités aux autres temps. Nous n'en avons indiqué que les premières personnes, excepté le présent ; l'élève complètera les autres.)

## LV^e EXERCICE.

*Récapitulation sur les verbes actifs.*

( L'élève corrigera les fautes des verbes. )

### *Mode indicatif.*

Je *lègues* à mes enfants un nom sans reproches. — Le maître *instrui* ses élèves. — La terre a *produi* sa récolte. — Tu *augmentera* ta fortune. — J'*eloignerait* de moi mon fils, si je *savait* qu'il dût réussir. — C'est moi qui *étend* les cieux, qui *soutient* la terre et qui *nommes* ce qui n'*es* pas comme ce qui est. — Aceste, quoique plein de courage, ne *peux* le suivre que de loin. — Sa cuirasse *ressemblaient* à l'immortelle égide. — Pendant qu'ils *étais* pleins de ces pensées, on *vis* un tourbillon de poussière; puis on *apercu* une troupe de barbares. — Ceux qui *avait* méprisé les avis de Mentor *perdire* leurs esclaves. — Le roi *dis* à Mentor : j'*oublies* que vous êtes Grec : nos ennemis *devienne* nos amis fidèles. — Les Dieux vous *envoies* pour nous sauver : j'*attend* tout de votre valeur et de votre sagesse. — Tout le peuple *applaudi* à cette proposition : on ne *songeat* qu'à nous *suivrent*. — Cette condition me *paru* plus dure que la mort.

Ni l'or ni la grandeur ne nous *rende* heureux. — Les druides *attribuait* des vertus divines au chêne. — Que *peuve* contre Dieu tous les rois de la terre. — Un ruisseau de larmes *coulaient* de nos yeux. — Quand Télémaque *entendis* la voix de son père, les larmes qui *couler* le long de ses joues *donner* un nouveau lustre à sa beauté. — Il *ordonnat* à ses soldats de fondre sur l'ennemi.—Nous *apprime* cette nouvelle le mois passé. — Qu'en *arrivat*-il ? nous ne *pume* tenir nos engagements. — Les Dieux *permir* que ma faute servît à me corriger. — S'il *arrivaient* quelque malheur à Benjamin, *disais* Jacob, j'en *mourrait* de chagrin. — Si l'on *veux* me louer, *disais* Néron, qu'on attende que je l'aie mérité.—Moïse *fis* un serpent d'airain qu'on *élevat* au haut d'une pique; et quand on le *regardais*, on *étais* guéri. — Si l'on *obéi* à son corps, *disaient* un philosophe, on ne *peux* jouir de sa liberté. — Je *croit* que je ne *réussirai* pas si je *suivait* les conseils que vous me *donné*. — Tu *préfererat* sans doute la vérité au mensonge.

Nous *porteront* secours aux pauvres qui *on* le plus souffert de l'inondation. — Combien de pécheurs *accourait* pour entendre J. C. — Que de ruses n'*emploient* pas le démon pour perdre les hommes. — Il n'y a rien qu'on *apprenent* aux éléphants.—Cette mort me *plongent* dans une affreuse douleur. — Antonin et Titus *fure* dignes de louanges — Chacun *admirent* cet enfant; il *meritent* les éloges des gens de bien, et Dieu ne l'*abandonneras* jamais. — Certainement l'orgueil ne *convien* guère au paresseux. — Si tu ne *manque* pas à ton devoir, on *t'aimeras* et tu *deviendra* le modèle de tes semblables. — Les plus grands malheurs *menacerons* toujours l'homme négligent. — Je *dormait* paisiblement, parce que je *croiait* que tu *veillait* sur moi pendant mon repos.—Les Grecs *attribuais* leurs défaites à la colère de Pallas.

Si tu *connaissait* en quoi *consistes* le bien de la vie, *disais* Léonidas à Xerxès, tu ne *convoiterait* pas ce qui *es* à autrui. — Il *semblent* que nous ne *sachiont* pas souhaiter ce qui *pourraient* nous rendre heureux, et c'est une chose remarquable que notre bonheur *viens* rarement de l'accomplissement de nos désirs ; c'est que nous *désiront* d'après les passions qui nous *aveugle*, et que le bonheur ne nous est donné que par la sagesse qui nous *éclairent*. — Quelque méchants que *soit* les hommes, ils n'*oserait* paraître ennemis de la vertu ; et lorsqu'ils la *veule* persécuter, ils *faigne* de croire qu'elle est fausse, ou ils lui *suppose* des crimes. — La confiance *fournis* plus à la conversation que l'esprit. — Nous *aimont* toujours ceux qui nous *admire*, et nous n'*aimont* pas toujours ceux que nous *admiront*. — Quiconque *peux* panser sa plaie, est à moitié guéri. — Le désir de paraître instruit *fais* qu'on *négliges* souvent le moyen de le devenir.

J'*ais* entendu dire que les Français *ons* remporté une victoire. — Jacob *cru* longtemps qu'une bête cruelle *avais* dévoré son fils Joseph. — Je ne *peu* croire que les prétendus philosophes, dont *fourmillent* aujourd'hui le monde, *cherche* sincèrement la vérité. — Je *penses* que tu *aura* achevé quand nous *partiront*. — Les moissonneurs *avait* fini quand nous *fume* arrivés. — Je *lut* ces livres aussitôt après que je les *eut* achetés. — Dès que le général *eût* rangé ses troupes en bataille, il les *encourageât* par des paroles bienveillantes. — Je *croix* que mon père *serat* parti de Lyon lorsque tu y *arrivera*. — Nous *espéront* que votre frère *aurat* parlé à son avocat, lorsqu'il nous *faudrat* partir. — Je me *flattes* que mon bienfaiteur *auras* recouvré la santé lorsque j'*arriverais* auprès de lui. — Nous ne *sentiront* jamais mieux les malheurs d'autrui que quand nous les *auront* éprouvés nous-mêmes.

Les bonnes actions que vous *auré* faites, ne *serons* jamais perdues pour vous. — Si on *aimes* la vie, on *crains* la mort. — Si vous nous *avié* envoyé ces pièces, nous *aurion* donné tous nos soins à votre procès. — J'*exigerait* de vous plus d'assiduité à vos devoirs. — Nos troupes *aurais* remporté la victoire, si on ne les *avaient* pas engagées dans un passage aussi désavantageux. — Si j'*avait* eu de l'argent, j'en *aurait* donné à cette pauvre famille qui a tant *souffer* de l'inondation. — Si tu *avaît* présumé que ta présence nous *serais* utile, tu *serait* sans doute arrivé de bonne heure. — Nous n'*aurions* jamais pensé que cette affaire en *viendraient* à ce point. — J'*esperait* que votre maître me *rendrais* un meilleur témoignage de votre conduite. — Qui *voudrai* ainsi s'exposer en aveugle au danger ? — Que *croirié*-vous de tout cela, si vous n'*avié* pas tout vu, tout examiné ? — Ces jeunes gens *aurait* réussi, s'*il eusse* apporté plus de vigilance et plus de soins à cette entreprise.

### *La Fourmi et la Mouche* (fable).

Une fourmi *charriai* tout le jour du grain, dont elle *voulais* se sustenter dans la saison pluvieuse. Une mouche volage par hasard la *rencontrent*. « Y *pense*-tu ? dit-elle ; nous *somme* dans la belle saison, elle nous *invites* au plaisir, et toi, tu *consacre* au travail ce beau temps de ta vie. *Laisses* là ces grains, *songes* à te divertir, *goûtes* les douceurs que l'été te *présentes*. » — « Ce conseil *peux* être bon, lui *répondi* la fourmi ; mais la belle saison que tu me *vante* tant, ne *durent* pas toujours ; l'hiver lui *succèdent* : que je *manques* alors de subsistances *viendra*-tu me secourir dans mon besoin ? Peut-être alors, hélas ! *périra*-tu de faim.» Les jeunes gens *doive* avoir la prudence de cette fourmi.

### *Les dignes rivaux.*

Eschine, jaloux de la gloire de Démosthène, son rival, *entrepris* d'attaquer le décret qui lui *avaient* accordé une couronne d'or. Jamais cause n'*avais* excité tant de curiosité. Eschine *succombat*, et *payat* de la juste peine de l'exil une accusation qu'il *avaient* témérairement intentée. Au moment où il *sortai* d'Athènes, son vainqueur, la bourse à la main, *cour* après lui et l'*obligent* d'accepter une offre qui *du* lui faire d'autant plus de plaisir qu'il *devaient* moins s'y attendre. Alors Eschine s'écria « Comment ne *regretterait-je* pas une patrie où je *laisses* un ennemi si généreux, que je *désespères* de rencontrer ailleurs des amis qui lui *ressemble* ? » Eschine *allat* s'établir à Rhodes, et *ouvri* là une école d'éloquence, dont la gloire se *soutin* pendant plusieurs siècles. Il *commençat* par lire à ses auditeurs les deux harangues qui *avait* causé son bannissement. On *donnat* de grands éloges à celle qu'il *avaient* composée ; mais quand il *eu* déclamé celle de Démosthène, les applaudissements *redoubler*. Alors il *dis* ce beau mot si louable dans la bouche d'un ennemi : « Eh ! que *serais*-ce donc si vous l'*eussié* entendu lui-même ? »

### *Le monarque chinois.*

Un empereur chinois, étant à la chasse, s'*étais* écarté de ceux qui l'*accompagnait*. Il *trouvat* un pauvre vieillard qui *pleuraient* et *paraissaient* affligé de quelque disgrâce extraordinaire. Il s'*approchent* de lui, touché de l'état où il le *voient*, et sans se faire connaître lui *demandent* ce qui lui *étaient* arrivé. « Hélas! seigneur, *répondis* le vieillard, quand je vous le *dirait*, c'est un mal auquel vous ne *saurié* apporter remède. » — « Peut-être, brave homme, *répons* l'empereur, vous *seré-je* plus utile que vous ne *pensé*. *Confié*-moi ce qui vous *affligent*. » — « Puisque vous *voulé* le savoir *reprent* le vieillard, je *vait* vous le dire. Un gouverneur de la maison de l'empereur m'*at* pris ma maison et m'*at* réduit à la mendicité. Il a *fais* plus : je n'*avait* qu'un fils, il *étais* le soutien de ma vieillesse; il en a *fais* son esclave. » L'empereur *fus* touché de ce discours. Il *dis* au vieillard : « La maison dont vous me *parlé* est-elle éloignée d'ici ? » Comme elle n'*étaient* qu'à une demi-lieue : « Je *veut* y aller avec vous, *dis* l'empereur; j'*exhorterais* le seigneur à vous rendre votre bien et votre fils; je ne *désesperent* pas d'y réussir. » — « Oh! *répont* le vieillard, il n'*es* sûr ni pour vous, ni pour moi de le lui proposer. Je n'en *serais* que plus maltraité, et vous *seré* insulté; je *veut* vous épargner cet outrage. » Que cela ne vous *inquiètent* pas, *dis* l'empereur, j'*espères* un meilleur succès que vous ne *pensé*. »

Le vieillard ne *cru* pas devoir s'y opposer plus longtemps. Il *representent* seulement à l'empereur qu'étant cassé de vieillesse, il ne *peux* suivre les pas du cheval. «Eh bien, *dis* l'empereur, je *sui* jeune, *monté* sur mon cheval, et j'*irais* à pied. « Le vieillard ne *veux* point accepter l'offre. L'empereur le *prent* en croupe derrière lui. Le vieillard s'*excuses*: « La pauvreté, dit-il, m'*at* ôté le moyen de changer de linge et d'habit; je *pourrai* vous communiquer une vermine dont vous ne *saurié* vous défendre. » —« *Allé*, brave homme, *reprent* l'empereur, *monté* derrière moi. » Le vieillard *montent* enfin; bientôt ils *son* parvenus à la maison où ils *allait*. L'empereur ne *fus* pas plus tôt arrivé, qu'il *demandes* le gouverneur. Celui-ci *vien*, et *es* fort surpris lorsque le prince, découvrant la marque de sa dignité, se *fais* connaître. La plupart des grands qui *avait suivit* l'empereur à la chasse, se *trouver* autour de lui. Il *fis* devant eux des reproches sanglants au persécuteur de ce bon vieillard; il l'*obligat* à lui rendre son bien et son fils, et sur-le-champ *ordonnat* qu'on lui *trancha* la tête. Bien plus, il *mi* le vieillard à sa place, et lui *adressat* ces mots: « Que ce changement de fortune ne *changent* pas vos mœurs : vous *profité* de l'injustice d'un autre, *servé*-vous de cet exemple, et ne l'*imité* pas. » L'empereur n'*étaient* âgé que de quatorze ans.

## *Modes Impératif, Subjonctif, Infinitif.*

*Aimont* les pauvres, afin qu'ils nous *ouvre* le ciel. — Jacob *di* à ses fils : *retourné* en Egypte afin d'y *acheterent* du blé. — David *avais dis* à Joab : *conservé*-moi mon fils Absalon. — *Interrogé* les animaux et ils vous *enseignerons*; *consulté* les oiseaux du ciel, et il vous *instruirons*. — Dieu dit à Abraham : *sort* de la maison de ton père, et *vient* dans le pays que je te *montrerais*. — Que les jeunes gens *aille* à l'école de Pythagore; il leur *dirat* : *parlé* peu, *écouté* beaucoup. — Les Carthaginois *était* si acharnés contre l'ennemi, qu'ils ne *cesser* de *tué*, jusqu'à ce qu'Annibal *eu criez* plusieurs fois : *arrêtes* soldat, *épargnes* le vaincu. — Ruben dit à ses frères : ne *tué* point Joseph, *jeté*-le plutôt dans cette citerne ; mais *gardé* vous bien de *souillé* vos mains du sang de votre frère. — Tyriens, ne *fermé* point vos portes à Alexandre ; *saché* que le Seigneur lui a *livrez* votre ville. — Que le riche ne *meprisent* pas le pauvre. — Que Babylone ne *comptes* point sur ses fortes murailles ; car le Seigneur à *résolut* de la *détruirent*. — Darius *écrivan* à Alexandre, *osat* lui *refusé* le titre de roi. — *Peut*-je *croir* que Caligula, pendant l'espace de huit mois, *passa* pour le modèle des bons princes.

Esther n'*avais découver* à personne qu'elle *fut* juive. — L'évangile ne *rapportent* pas que le mauvais riche *posséda* le bien d'autrui. — Il *faudrais* que tu *aimas* l'étude, et que tu *fis* tous tes efforts pour obtenir des succès. — Quelqu'un *ayan* demandé à Metellus le Macédonique ce qu'il *allais fair* : « Je *brûlerai* ma robe, *répondi*-il, si je *savait* qu'elle *connu* mon dessein. — Pierre ne *pouvaient croir* que J. C. *mouru*. — Les Babyloniens ne *pouvait* s'*imaginé* que Cyrus se *rendit* maître de Babylone ; et les Tyriens ne *pouvait* se *persuadé* qu'Alexandre *entra* jamais dans leur ville. — Xerxès ne *croyais* pas que les Grecs *eusse* la hardiesse de *resisté* à ses troupes. — Les Romains ne *pensait* pas que Sylla s'*ennuya* un jour de la dictature. — *Croyé*-vous que Néron *eu* jamais honte des crimes qu'il *avais* commis ? — Que m'importe que je *meurt* aujourd'hui ou demain, pourvu que je *meurs* de la mort des justes. — Samson se *mettais* peu en peine qu'on le *lia* ou non. — Domitien, les Romains se *mette* peu en peine que tu *soit* habile ou non à *enfilé* des mouches : ce qu'ils *désirerait*, c'est que tu *ressemblas* à ton père et à ton frère.

Sainte Monique *craignais* qu'Augustin ne *renonça* pas à l'erreur. — Après la ruine de Jérusalem, le sénat *pri* garde qu'on *prépara* à Titus les honneurs du triomphe. — Marc-Aurèle *prenaient* garde que les malheureux *fusse* secourus. — Ton incrédulité *meriterais* que tu *fus* rejeté de Dieu.— Les vieillards *empecher* que Jérémie ne *fusse* mis à mort.— Joab, pour *épargné* le peuple, *empechat* que l'armée victorieuse ne *poursuivisse* les fuyards. — Cyrus *étan entrer* dans la ville de Sardes *empêchat* qu'on ne la *pilla*. — Le peuple *empêchat* qu'on ne *misse* à mort Jonathas par qui Dieu *venaient* de *sauvé* l'armée. — Le prophète Samuel *avai-t*-il *défendue* à Saül d'*offrirent* le sacrifice avant qu'il *fusse* arrivé ? Oui.— Il n'a pas tenu à tes frères que tu ne *fus* ruiné pour jamais. — Le peuple étonné *attendaient* que Zacharie *sortisse* du temple. — Qui doute que Cyrus n'*exécutasse* les ordres de Dieu sans les connaître ? — Camille ne *doutat* point que les Romains ne se *repentisse* un jour de l'avoir chassé de Rome.— *Apprend* qu'à la loi seule *appartien* la vengeance.— *Craint* Dieu, *honores* tes parents, *chérit* tes amis, *obéi* aux lois. — *Accueilles* le talent, *fui* les sots ennuyeux. — Il *fau* que ceux qui *parle* se *mette* à la portée de ceux qui les *écoute*. — Il est temps que je *penses* à *réparé* mes torts envers vous. — Dieu *veux* que vous *obeissié* à ses lois.

Voudrié-vous, *disais* Socrate à ses disciples, que je *mourus* coupable ? — Je *souhaiterait* que tu *combatis* tes passions avec plus de courage. — Plût à Dieu que tu *arrivas* biéntôt pour mettre fin à tous ces débats qui *dure* depuis trop long temps !

— Le créateur à *fais* l'homme à son image pour qu'il le *connu*, l'*aima* et lui *rendis* un culte digne de sa grandeur. — Je doute que quelqu'un *aie* jamais *fais* plus de cas d'Homère qu'Alexandre-le-Grand. — Saul, tu ne *respire* que le carnage; mais je ne *doutes* point qu'un jour tu n'*ait* honte de ta cruauté envers les chrétiens. — On m'*envoyat* vers la montagne avec des esclaves, afin que je *servis* avec eux à *conduirent* de grands troupeaux. — Il a *fallut* que vos parents m'*aie* instruit de vos écarts pour que j'*ai eut* le courage de vous *écrir*. — Un flatteur *applaudi* avant qu'on *aie parler*. — Je ne *savait* pas que tu *eu fais* des recherches aussi scrupuleuses. — *Laissé* les crimes impunis, c'est les *multiplié*. — Il ne *tin* à rien que Pélopidas et ses compagnons n'*échouasse* dans l'entreprise qu'ils *avait* concertée pour *affranchire* leur patrie de la tyrannie. — Il s'en *fallu* de beaucoup que Bessus se *montrasse* aussi courageux pour *soutenire* un combat, que hardi pour *commettres* un parricide.

## *Les crimes punis l'un par l'autre.*

Trois *homme voyagait ensemble*; ils *rencontrer* un *tresor*, et ils le *partager*; ils *continuer leurs* route en s'*entretenan* de l'*usages* qu'ils *ferait* de *leur* richesses. Les *vivre* qu'ils *avait* portés *était* consommés; ils *convinre* que l'*uns* d'eux *iraient* en *acheté* à la *villes*, et que le plus *jeunes ce chargeraient* de *cet commissions* : il *parti*.

Il *ce disais* en chemin : me voilà *riches*; mais je le *serait* bien davantage, si j'*avait* été *seule* quand le *trésors* c'est présenté; *ses* deux *homme* m'*on* enlevé mes *richesse*; ne *pourrai*-je pas les

3..

reprendre? cela me *serais faciles :* je n'*aurait* qu'à *enpoisonné* les *vivre* que je *vait acheté ;* à mon *retours*, je *dirais* que j'*ais dîner* à la *villes;* mes *compagnon mangerons* sans *defiances*, et ils *mouriront :* je n'*ais* que le tiers du *trésors*, et j'*aurais* le tout.

Cependant les deux *autre voiageur ce disait :* Nous *avion* bien affaire que *se* jeune *hommes vint* s'*associé* avec nous : nous *avon étés* obligés de *partagé* le *tresors* avec lui; sa part *auraient augmenter* les *notre*, et nous *serion veritablement riche ;* il *vat revenire*, nous *avon* des *arme*, *tuon*-le.

Le jeune *hommes revin* avec des *vivre enpoisonnés; ces conpagnon* l'*assassiner :* ils *manger*, ils *mourure*, et le *trésors* n'*appartins* à personne.

### *Le soldat magnanime.*

Lorsque le *grand* Condé *commandais* en Flandre l'*armées espagnol*, et *faisais* le *siege* d'une place *francaise*, un *soldats ayan* été *maltraite* par un *officiers generale*, et *aiant recut* plusieurs *coup* de canne pour quelque *parole* peu *respectueuse* qui lui *etait echapees*, *repondi* avec un *grant* sang-*froit*, qu'il *saurai* bien l'en faire *repentire*.

Quinze *jour apres se meme officiers generale charga* le colonel de tranchée de lui *trouvé* dans un *regiments* un homme ferme et *intrepide* pour un *coups* de main dont il *avais* besoin, avec cent *pistole* de *recompense*.

Le *soldats* en question, qui *passaient* pour le

plus *bravés* du *regiments, ce presentat ;* et *aiant mener* avec lui trente de *ces camarade*, dont *ont* lui *avait laisser* le *chois*, il s'*acquittat* de sa *commissions*, qui *etais* des plus *hasardeuse*, avec un *courages* et un *bonheurs incroiable*. Il *s'agissaient* de *s'assuré*, avant de faire le *logements*, si les *ennemi creusait* des *mine* sous le glacis.

Le *soldats c'étant jete* à l'entrée de la nuit dans le *chemain couver, rapportat* le *chapeaux* et l'outil d'un mineur qu'il *avaient tuer*. A son retour l'*officiers generale, apres* l'avoir beaucoup *louer*, lui fit *compté* les cent *pistole* qu'il *avais* promises. Le *soldats* sur-le-champ les *distribuat* à *ces camarade*, *disan* qu'il ne *servais* pas pour de l'argent, et *demandat* seulement que, si l'*actions* qu'il *venais* de *fair paraissaient merité* quelque récompense, *ont* le *fit* officier. Au reste, *ajoutat-il* en s'*adressans* à l'*officiers generale*, qui ne le *connaissais* point, je suis *se soldats* que vous *maltraitate* si fort, il y a quinze *jour;* je vous *avait* bien *dis* que je vous en *ferait repentir*. L'*officiers generale plaint* d'admiration, et *attendrit* jusqu'aux *larme*, l'*embrassat*, lui fit des *excuse*, et le nommat officier le *meme jours*.

### *Histoires* d'un *bons religieux*.

Un *religieu fut* mandé, il y a quarante *an*, pour *disposé* à la *mor* un *voleurs* de *grant chemain*. *On l'enfermat* avec le *patien* dans une *chapelles*. Pendant qu'il *faisaient ces efforts* pour l'*excité* au *répentir* de *ces crime*, il s'*apercu* que son *hommes etais distrai*, et l'*ecoutais* à peine. « Mon *chère amis*, lui dit-il, *pensé* que, dans *quelque heure*, il vous *faudrat paraitre* devant Dieu : Eh! qui *peux* vous *distrair* d'une *affaires* pour vous de si *grand inportance*? » — « Vous *avé* raison, mon *peres*, lui *reparti* le *patien*; mais je ne *peut m'oté* de l'*esprits* qu'il ne *tiendrais* qu'à vous de me *sauvé* la *vies*, et une *tel pensées* est bien capable de me *donné* des *distraction.* » — Comment m'*i prendrait-je* pour vous *sauvé* la *vies*, lui *répondi* le *religieu*? et quand cela *seraient* en mon *pouvoirs*, *pourrai*-je *hasardé* de le *fair*, et vous *donné* par-là l'*occasions* d'*accumulé* vos *crime*? » — « S'il n'*i* a que cela qui vous *arretent*, *reprent* le *patien*, vous *pouvé compté* sur ma *paroles*; j'ai *vus* le *supplices* de trop près pour m'*i exposé* de *nouveaux*. » Le *rêligieu fis se* que nous *eussion fais* vous et moi, en *pareil occasions*; il *ce laissat attendrire*, et il ne *fût* plus question que de *savoire* comment il faudrait *c'y* prendre.

La *chapelles* où ils *etait n'étaient* éclairée que par une *fenetres* qui *etais* proche du *toits*, et *elevée* de plus de quinze *pied*. « Vous n'*avé*, *dis* le *criminelle*, qu'à *mettres vôtre chaises* sur l'*autels*, que nous *pouvon transporté* au *pieds* du *murs*; vous *monteré* sur la *chaises*, et moi sur vos *épaule*, d'où je *pourrais gagné* le *toits*. » Le *religieu ce pretat* à *cet manœuvres*, et *restat* ensuite tranquillement sur la *chaisés* après avoir *remi* à sa *places* l'*autels* qui *etais* portatif. Au bout de trois *heure*, le *bourreaux* qui s'*impatientaient frappat* à la *portes*, et *demandat* au *réligieu se* qu'*etais devenut* le *criminelle* : « Il *faux* que *se sois* un ange, *repondis* froidement le *réligieu*; car, foi de *pretre*, il *et sortit* par *cet fenetres.*» Le *bourreaux* qui *perdaient* à *se* compte, après avoir *demander* au *réligieux* s'il *ce moquais* de lui, *couru avertire* les *juge.* Ils *ce transporter* à la *chapelles*, où *nôtre hommes assi leurs montrat* la *fenetres*, les *assurat* en conscience que le *patien c'étais envoler* par là, et que *peut* s'en *etaient fallut* qu'il ne *ce recommanda* à lui, le *prenans* pour un *anges*; qu'au surplus, si *s'etais* un *criminelle*, *se* qu'il ne *comprenais* pas, après *se* qu'il lui avait *vus faire*, *il* n'*etais* pas *faits* pour en *etres* le *gardiens.* Les *magistrat* ne *pure conservé leurs* gravité vis-à-vis du sang *froi* de *se bonne hommes*; et, *aiant souhaiter* un bon *voiages* au *patien*, ils *ce retirer.*

Vingt *an* après, *se réligieu passan* par les Ardennes, *se trouvat egaré* au *moments* où le *jours finissaient.* Une *facon* de *paisan* l'*aiant éxaminé* attentivement, lui *demandat* où il *voulais* aller, et l'*assurat* que, s'il *voulais* le *suivres*, il le *menerais* dans une *fermes*, qui n'*etais* pas fort éloignée, et où il *pourrais* tranquillement *passé* la *nuits.* Le *réligieu ce trouvat* fort *embarrasse*; la *curiosités* avec *laquel çette* homme l'*avais regarde*, lui *donnaient* des *soupcon*; mais *consideran* que, s'il *avais* quelque *mauvais* dessein, il ne lui *seraient* pas *possibles* d'*échappé* de *ces main*, il le *suivît* en *tremblan.* Sa *peurs* ne *fût* pas de *longues* durée; il *aperçu* la *fermes* dont le *paisan* lui *avais* parlé; et *cette* homme qui en *etais* le *maitre dis* à sa *femmes* de tuer un *chapons* avec les *meilleures poulet* de sa basse-*cours*, et de bien *regalé* son *hote.* Pendant qu'*ont preparaient* le *soupers*, le *paisan rentrat suivit* de huit *enfant*, à qui il *dis* : «Mes *enfant*, *re-*

*mercié se bons réligieu*, sans-lui vous ne *serié* pas au *mondes*, ni moi non plus : il m'*as sauver* la *vies*.» Le *réligieu ce rappella* alors les *trait* de *cette* homme, et *reconnu* le *voleurs duquelle* il *avaient favorise* l'*evasions*. Il *fût accable* des *caresse* et des *action* de *grace* de la *familles*; et lorsqu'il *fût seule* avec *cette* homme, il lui *demandat* par *quelle* hasard il *ce trouvais* si bien *établit*.

« Je vous *ait* tenu ma *paroles*, lui *dis* le *voleurs*; et *determine* à *vivres* en *honnete* homme; je *vin* en *demandan* l'*aumone* jusqu'à *se lieux* qui *es* celui de ma *naissances*; j'*entrait* au *services* du *maitre* de *cet fermes*, et *aiant* gagné les *bonne grace* de mon *maitre* par ma *fidelites* et mon *attachements*, il me *fît epousé* sa *filles* qui *etais uniques*. Dieu a *benit* les *effort* que j'*ais* faits pour *etres hommes* de bien, j'*ait* amassé quelque *choses*; vous *pouvé disposé* de moi et de tout *se* qui *m'appartiens*; je *mourirai contents* à présent que je vous *ais vut*, et que je *peut* vous prouvér ma *reconnaissances*.» Le *réligieu* lui *dis* qu'il *etaient* trop *paié* du *services* qu'il lui *avais rendut*, puisqu'il *faisais* un si *bonne usages* de la *vies* qu'il lui *avais* conservée. Il ne *voulu* rien *accepté* de *se* qu'*ont* lui *offraient*, mais il ne *pu* jamais *refusé* au *paisan* de *resté quelque jour* chez lui, où il *fût* traité comme un *princes*. Ensuite *se bonne* homme le *forca* de *ce servire* au moins de *ces chevaus* pour *acheve* sa *routes*, et ne *voulu* point le *quitté* qu'il ne *fut sortit* des *chemin dangereus* qui sont en grand *nombres* dans *ses contrée*.

## LVIe EXERCICE.

### *Orthographe de certains verbes.*

*N. B.* 1° Les verbes terminés en *cer* adoucissent le son du c devant *a*, *o*, *u*, en plaçant une *cédille* sous le *ç* : *plaça*, *aperçois*, *reçu*. Ceux qui sont terminés en *ger* adoucissent le *g* devant *a*, *o*, *u*, en plaçant un *e* muet entre le *g* et la voyelle suivante : mangeons, nous allongeâmes, (voy. le n° 247 de la gram.)

2° Les verbes en *eler* et *eter*, comme *appeler*, *jeter*, doublent les consonnes *l* et *t* devant un *e* muet : *j'appelle*, *qu'il jette*, etc. (Voyez le n° 131 de la grammaire.)

Ne *forcons* point notre talent. — Cet enfant tremblait lorsque nous *l'appellâmes* et que nous l'*interrogâmes*. — Oh ! que cette mère serait heureuse si le ciel *exaucait* les vœux qu'elle fait. — Combien n'*affligâtes*-vous pas ce bon père ! — Nous *jugons* souvent bien injustement les autres. — La nourriture que nous *mangons* est un bienfait qui nous *rappèle* tous les jours les bontés de la Providence. — Le voyage que tu *projète*, n'aura pas lieu. — Le vent *amoncellait* la neige dans la vallée. — Il faut semer pour recueillir ; celui qui ne *seme* pas ne peut pas espérer de jouir au temps de la moisson. — L'armée *avancait* lentement, mais sûrement. — Nous *nagâmes* durant trois heures, avant que d'apercevoir le navire qui nous *recut*. — Nous *concumes* pour cet homme une amitié sincère. — *Achete* la paix par tous les sacrifices possibles. — Pourquoi cet enfant *furète*-t-il partout ? — Le prince était occupé de mille projets qu'il formait et *rejettait* au même instant. —

Les yeux de ce guerrier *étincèlent* du feu de la vengeance. — A ce coup imprévu, le héros *chancèle* et tombe; son sang *ruissèle* à grands flots. — Ne *rejettez* jamais un conseil salutaire. — Mes amis, *avancons :* l'ennemi commence à fuir; *enfoncons* ses bataillons qui se croyaient surs de la victoire. — Ce récit nous *glaca* d'effroi, et nous *changâmes* de conversation. — Ne *balancons* jamais à *rejetter* un conseil imprudent.

(Conjuguez les verbes *ménager*, *voyager*, *menacer*, *renoncer*, etc.)

## EXERCICE.

### *Orthographe de certains verbes.*

*N. B.* 1° Les verbes terminés en *er* à l'infinitif, et qui ont cette syllabe finale précédée d'un *é* fermé, comme *altérer*, *céder*, etc., changent cet *é* fermé en *è* ouvert devant une syllabe muette; Ex.: *j'altère*, *je cède*, etc.

2° Les verbes terminés en *er* à l'infinitif, et qui ont cette syllabe finale précédée d'un *e* muet, comme *dépecer*, *enlever*, etc., changent cet *e* muet en *è* ouvert devant une syllabe muette; Ex.: *je dépèce*, *j'enlève*, etc.

Nous criâmes deux fois: France, France! et l'écho *répèta :* France, France! — Le prince qui veut *regner* avec justice, doit commencer par *moderer* ses passions. — *Leve* la tête, ô homme, et reconnais ta dignité. — Les secrets que tu nous *réveles*, n'ont rien qui nous étonne. — *Pese* bien tes paroles, avant de parler en public. — Ce jeune homme se *promene* souvent au lieu de travailler. — Je *cede* à la violence; mais *j'espère* trouver un vengeur dans mon fils. — Le vrai sage *préfere* le calme de la retraite au tumulte des cours. — L'humilité est un remède efficace qui *tempere* le feu des passions. — Les bruits funestes qui courent à votre sujet, m'*inquietent* beaucoup. — Souvent un secours inespéré *releve* le courage des faibles. — L'espérance *ramene* souvent les plus grands pécheurs. — La conduite que tu *menes* est coupable. — De sa puissance immortelle, tout parle, tout nous instruit; le jour au jour la *revele;* la nuit l'annonce à la nuit. — Que de miracles la charité n'*opere*-t-elle pas! — Le caractère de cet enfant *decele* de grands défauts. — Dieu *tolere* nos égarements avec la bonté d'un tendre père.

(Conjuguez les verbes *célébrer*, *régner*, *semer* et *dépecer*.)

## LVII^e EXERCICE.

*Orthographe de certains verbes.* (Voir gramm. n^os 398-399.)

Il faut que nous *payons* les dépenses que nous avons faites. — Nous *cotoyons* les rivages de la fertile Egypte, lorsqu'un vaisseau phénicien nous fit prisonniers. — Vous connaîtriez bien mieux cet enfant, si vous *étudiez* son caractère. — Vous haïriez davantage le vice, si vous vous *fortifiez* dans l'amour de vos devoirs. — Il n'est rien que nous n'*essayons* pour venir à bout de nos projets. — Je suis sûr que les moyens que vous *employez* hier, ne vous conviendraient pas aujourd'hui. — Tandis que les matelots travaillaient à la pompe, nous, faibles femmes, nous *supplions* le ciel de nous aider dans notre détresse.— Notre salut éternel exige que nous lui *sacrifions* tous les intérêts passagers. —Notre sûreté veut que nous *employons* tout pour nous mettre à l'abri d'une attaque. — Souvent nous ne *payions* les bienfaits que par l'ingratitude la plus noire. — Il faut que vous *remerciez* votre libérateur de tant de générosité. — Fasse le ciel que nous *expions* nos fautes en ce monde par une sincère pénitence! — Mon fils, souvent vous *croyiez* mériter des éloges quand vous n'êtes digne que de blâme.

(Conjuguez l'imparfait de l'ind. et le prés. du subj. des verbes *étudier*, *plier*, *balayer*, *employer*.)

## LVIII<sup>e</sup> EXERCICE.

*Récapitulation des trois exercices précédents.*

*Envisagons* les maux de l'humanité avec le calme d'un cœur soumis aux desseins de la Providence. — *J'apèlerais* volontiers cette hardiesse, de la témérité. — L'ardeur des combats dans ses yeux *étincèle.* — Une résolution si funeste *jèterait* le désespoir dans le cœur de votre bonne mère.—Je souhaite que vous ne vous *associez* jamais qu'avec de braves gens. — Plaise à Dieu, ma fille, que vous ne vous *ennuyez* jamais de pratiquer la vertu. — La mort de mon bienfaiteur *commenca* la chaîne de mes maux. — Il faudrait que vous *partagassiez* nos craintes, pour comprendre tout ce qu'elles ont d'affreux. — Le grand parleur ne s'*apercoit* pas qu'il est le fléau de la conversation. — Une conscience *bourrellée* de remords n'est jamais en repos. — Je me suis *apercu* que vous *riez* hier, au moment où l'on nous *annonca* cette funeste nouvelle. — Il faut que nous *supplions* chaque jour le Seigneur de bénir nos travaux. — Jamais la tentation n'*excede* nos forces. — L'arrivée du général *changa* en un instant la face des affaires. — Ne *jugons* jamais avec trop de précipitation. — Le mauvais riche *nagait* dans l'abondance, et ne *songait* pas aux souffrances de Lazare. — Les misères de la vie nous *rappèlent* à chaque instant que nous sommes mortels. — Il est difficile que nous *sacrifions* les sentiments de l'honneur à un vil intérêt. —Il faudra que nous *déployons* toute notre adresse, que nous *essayons* tous les moyens, pour triompher de la résistance de votre père. — Les plus intrépides *chancèleraient* dans une entreprise aussi périlleuse.— Nous avons *recu* hier une lettre *décachettée*, et nous ne nous en sommes *apercu* que ce matin.—Vous *vengâtes* notre cause, et par ce seul mot vous *allégates* nos douleurs.

(Conjuguez les verbes *cacheter*, *geler*, *affliger*, *pincer*, *dedier*, *noyer*.)

## LIX^e EXERCICE.

*Verbes passifs et verbes neutres.* (de 157 à 167.)

(Les élèves désigneront par un trait les verbes passifs, et par deux traits les verbes neutres.)

La ville de Troie fut prise par les Grecs après un siége de dix ans. — Socrate fut accusé de trahir la république, et fut condamné à boire la ciguë. — Saül n'obéit point à Dieu. — Le conseil de Joseph plut au roi. — Le malheur qui arriva à Absalon, arrivera aussi aux enfants rebelles. — La vertu est estimée de tout le monde. — Quand nous fûmes sortis du port, nous allâmes au-devant de la flotte ennemie. — Lycurgue mourut volontairement à Delphes. — Timoléon était aimé des Syracusains, comme un père de ses enfants. — Régulus ne fut point ébranlé par la crainte de la mort la plus cruelle. — La colère du Ciel est tombée sur ce peuple prévaricateur. — Le saint homme Job fut frappé d'une plaie horrible, depuis la plante des pieds jusqu'à la tête. — L'impie sera dévoré par un feu qui n'a point été allumé par la main des hommes. — La civilisation a marché partout sur les pas de l'Evangile. — Soudain les airs retentirent de cris épouvantables, et un instant après un silence affreux succéda à ces cris. — Tout nous échappe, tout disparaît sans cesse autour de nous.

La ville de Tyr était défendue par une forte muraille, qui était baignée par les flots de la mer. — Quand tu seras sorti dehors, tu seras surpris de l'immense quantité de neige qui est tombée. — Alcibiade avait été condamné à sortir d'Athènes. — Protagoras fut accusé d'avoir douté s'il existait des dieux, et il fut condamné à être banni de sa patrie. —Nous sommes instruits par la foi que les corps des saints participeront au bonheur dont jouiront leurs âmes. — Rien ne nuit plus à la santé que les excès de la table. — La paix de l'âme contribue singulièrement à notre bonheur. — Le fer, malgré sa dureté, est consumé par la rouille. — Cyrus resta dans l'Asie-Mineure jusqu'à ce que cette province eût été entièrement soumise à son empire. — Dès que Pyrrhus fut sorti de la Sicile, cette île fut reprise par les Carthaginois. — Le roi Balthasar fut étrangement épouvanté par une main qui lui apparut écrivant sa condamnation sur la muraille. — L'empereur Auguste revenant de l'Asie, passa par Athènes. — Antonin, surnommé le Pieux, naquit à Nîmes. — L'empereur Marc-Aurèle venait d'arriver à Vienne, lorsqu'il fut attaqué d'une fièvre qui, peu de jours après, fut déclarée mortelle.

(Conjuguez les verbes passifs *être estimé*, *être battu*, etc.; et les verbes neutres *sortir*, *descendre*, *nuire*, *périr*, *disparaître*, *partir*, etc.)

## LX^e EXERCICE.

### *Verbes réfléchis et verbes impersonnels.*
(de 166 à 170.)

(*Les élèves désigneront par un trait les verbes réfléchis, et par deux traits les verbes impersonnels. Ils distingueront aussi les verbes réfléchis ou pronominaux essentiels par un e mis au-dessus, et les pronominaux accidentels par un a.*)

Goliath s'attendait qu'aucun Israélite ne se hasarderait à le combattre. — Judas se repentit d'avoir trahi J. C. — Je me félicite de vous avoir été utile. — Il faut toujours se méfier des flatteurs. — La manne qui se recueillait la veille du sabbat, se conservait deux jours sans se corrompre. — Ce fut le lendemain de la Pâque que les enfants d'Israël commencèrent à se rendre maîtres de la terre promise. — On trouva le corps du consul romain Décius au milieu d'un monceau de cadavres ennemis. — Le poison se glissa dans les veines d'Annibal, et il mourut. — Dès que l'occasion se présenta, Androclès se sauva de la caverne du lion. — Jacob et Laban, son beau-père, se jurèrent une amitié sincère. — Le fleuve de la vie s'écoule avec rapidité; il faut se hâter d'employer les instants qui s'échappent aussi rapidement que l'éclair. — Il y a nécessité de vous abstenir de toute nourriture contraire à votre tempérament. — Il paraît que ce jeune homme se moque de vos avertissements. — On laisse subsister certains abus, à cause des inconvénients qu'il y aurait à les supprimer. — Il semble que souvent il vaut mieux se taire que de se plaindre. — Il appartient à un père de se montrer sévère dans l'occasion. — Il ne suffit pas de se croire brave, il faut encore l'être effectivement.

Il dépend de toi, mon fils, de te distinguer dans la carrière des armes. — On n'ignore pas que Rome et Carthage se haïssaient mutuellement. — On ne saurait dire combien Polybe et Scipion Emilien se chérissaient. — Depuis hier il s'est répandu certains bruits capables de troubler la tranquillité dont, jusqu'ici, nous nous étions applaudis. — Quand on s'appuie sur la vertu, on ne craint point les attaques du vice. — Nos soldats se sont distingués dans le combat; il en est resté trois mille sur le champ de bataille. — Il est plus glorieux de s'abstenir de blâmer le vice que de s'exposer à faire rougir la pudeur. — Il pleuvait ce matin, quand le tonnerre s'est fait entendre. — Souvent les difficultés s'évanouissent, dès qu'on s'efforce de les surmonter. — Lorsque Dieu se résolut à châtier Sodome et Gomorrhe, il tomba un déluge de feu sur ces villes infâmes. — Il n'est pas de sacrifices que nous ne nous imposions, pour atteindre notre but.

(Conjuguez les verbes *s'abstenir*, *se plaindre*, *se moquer*, *s'évanouir*, et les impersonnels *il pleut*, *il importe*, *il paraît*, *il convient*, etc.)

## LXI^e EXERCICE.

*Analyse raisonnée des cinq sortes de verbes.*

(Les élèves analyseront les verbes suivants, et entreront à ce sujet dans tous les détails d'analyse possibles, comme nous leur en donnons le modèle ci-après.)

Nous observons. — Tu t'es abstenu. — Il imperterait. — Vous êtes confondus. — Ils mourront. — J'ai régné. — Je me signalerai. — Il faut. — Ils ont bâti. — Vous vous lasserez. — Il faudrait qu'il arrivât. — Il conviendra que nous parlions. — Conçois. — Avoir nui. — Ayant été reçu. — Elle s'est rendue.

### PREMIER MODÈLE D'ANALYSE.

| | |
|---|---|
| *Nous observons*... | 1^re conjugaison ; verbe actif ; de *observer, observant, observé, j'observe, j'observai* ; à la 1^re pers. du pl., au présent du mode indicatif, temps simple et primitif, ayant pour sujet le pronom personnel *nous*. |
| *Tu t'es abstenu*... | 2^e conjugaison ; verbe pronominal *essentiel*, parce qu'on ne peut pas dire *j'abstiens* ; de *s'abstenir, s'abstenant, abstenu, ue, je m'abstiens ; je m'abstins* ; à la 2^e pers. du sing. au parf. indéfini du mode indicatif, temps composé de la 2^e pers. sing. du présent de l'indic. du verbe *être, tu es*, et du part. passé passif *abstenu, abstenue*. |

## LXII$^{e}$ EXERCICE.

*Analyse raisonnée des cinq sortes de verbes.*

(Les élèves analyseront comme ci-dessus les verbes suivants, et outre les *sujets*, ils indiqueront encore les *régimes directs* et les *régimes indirects* des verbes.)

La guerre bouleverse les empires. — Les flots se sont écoulés. — Antoine est tombé. — L'ange obéit à Dieu. — Nous sommes venus voir mon père. — Il convient que vous fassiez réponse au juge. — Les soldats se battent.

### DEUXIÈME MODÈLE D'ANALYSE.

(Voyez gramm. n$^{os}$ 151 jusqu'à 155, et n° 256.)

*La* . . . . . Article simple sing. fém. déterminant *guerre*.

*guerre*. . . Substantif commun fém. sing. sujet du verbe *bouleverse*.

*bouleverse*. 1$^{re}$ conjugaison verbe actif, de *bouleverser, bouleversant, bouleversé, je bouleverse, je bouleversai*; à la 3$^{e}$ pers. du sing., parce que son sujet est un substantif; mode indicatif; présent, temps simple et primitif.

*les* . . . . . Article simple plur. masc. déterminant *empires*.

*empires* . . Subst. commun, masc. plur., régime ou complément direct du verbe *bouleverse*.

*Ainsi des autres phrases.*

## LXIVe EXERCICE.

*Analyse raisonnée des cinq sortes de verbes.*

(Les élèves analyseront de même les phrases suivantes.)

Pierre a écrit au magistrat. — Dieu promet le ciel aux justes. — Tu nous as parlé. — Votre justice vous a acquis mon estime. — J'ai été étonné de vos procédés. — Il faudrait se résoudre à cela. — Cette affaire ne te nuira pas.

### TROISIÈME MODÈLE D'ANALYSE.

(Voyez Gramm. nos 151 jusqu'à 155, et no 256.)

*Pierre*. . Nom propre, masc. sing. *sujet* de *a écrit*.

*a écrit*. . 4e conjug. verbe act. de *écrire, écrivant, écrit, j'écris, j'écrivis*; mode indicatif; 3e pers. sing. parf. indéf. temps composé de la 3e pers. sing. du présent de l'ind. de l'auxiliaire *avoir* et du participe passé passif *écrit*.

*au* . . . . Article composé, mis pour *à* préposition, et *le* art. masc. sing. déterminant *magistrat*.

*magistrat*. Nom commun m. sing. régime ou complément indirect de *a écrit*.

## LXVe EXERCICE.

*Orthographe des verbes.*

Récapitulation générale, depuis le no 116 jusqu'au no 172.

(Les huit exercices suivants n'ont à corriger que les fautes d'orthographe des verbes; les autres mots n'en ont pas.)

Je recevrez toujours avec plaisir les marques de

votre reconnaissance, et je vous prie de croir à la sincérité de mes paroles. — J'espére, Monsieur, que vous nous donneré souvent de vos nouvelles. — Quand tu aura liez ces paquets, envoies-les à la messagerie. — Je vai porté une lettre à la poste, et je reviendrais travaillé. — Esther priat Assuérus de pardonné à son peuple, et le roi lui promis qu'il ne serais fais aucun mal à la nation juive. — Tu viendra ce soir à l'assemblée, et nous y discuteront l'affaire dont tu m'a parlé. — Quand tu aura labouré ce champ, tu y sémera le grain. — Hier, je me rendit à la campagne, chez mon oncle; en y arrivan, je fut frappé du tumulte qui agitaient toute la maison. — Le feu avais prit à la grange, et les fermiers poussait des cris épouvantables. Tout le village voisin étaient accourut pour porté du secours; et, malgré tant de zèle, on ne pu se rendres maître de l'incendie qu'au milieu de la nuit.

## LXVIe EXERCICE.

### *Orthographe des verbes.*

Suite de la récapitulation générale.

Je vous rénouvèle, mon cher frère, la promesse que je vous fit la semaine passée, au moment où vous partié pour Paris. — Vous savé que je vous assuré qu'on ne rèbatiraient pas les deux pavillons qui on écroulé. Eh bien! malgré ma défense, les locataires on mit les maçons à l'ouvrage, et ils vons disant partout à qui veux les entendres qu'on rebati d'après vos ordres et à vos frais. J'ait prié sur-le-champ le magistrat de se transporté sur les lieux pour faire cessé le travail; mais, malgré la défense qui a été faite, les murs se relève, et bientôt les deux pavillons serons rebâtis. De sorte que, quand vous seré arrivez, vous auré un procès à soutenire: je pense que vous le gagneré, car rien n'ait plus injuste que le procédé qu'on eut vos locataires à votre égard. — Hier matin un enfant de douze ans sait noié dans la Saône. Il y avais une heure qu'il nagais en s'amusant près du bord, lorsque tout-à-coup il enfonçat dans un gouffre et disparu.

## LXVII^e EXERCICE.

Suite de la récapitulation générale.

Avou que tes écarts t'on condui à ta perte. — Combien de fois ne t'ais-je pas répété que tu pairait cher tes égarements. — Mais, ô mon fils, il ait encore un moyen de te retiré de l'abîme où tu t'est plongé. — Met ta confiance en ton père, écoutes ses avis et suit-les fidèlement. — Cedera-tu enfin à à mes instances? jusqu'à quand te verrais-je sourd à ma voix? — Il faux convenire que tu a eut bien du malheur de suivres les conseils de tes méchants amis; cependant tu pouvait si facilement les fuire, surtout quand je te chargai de mes affaires, et que tu commenca à te separer d'eux en voiagant. — Tu changa de pays, mais tu ne changa pas de conduite; au contraire, tu devint plus mauvais loin de moi: tu reçut mes lettres, et tu ne daigna pas y repondres... Eh! quoi, pouvait-tu oublié ainsi ton père, ton meilleur ami! — Apprecis donc enfin le tort que tu t'est fais; inquiete-toi un peu plus de ton honneur, revient à la vertu, et par un heureux changement contribu à la paix et au bonheur du plus tendre des pères.

## LXVIIIe EXERCICE.

Suite de la récapitulation générale.

Notre ambassadeur renoura les négociations que cet événement ait venu interrompres. — Ne recachète pas la lettre que tu décachetta, avant d'y avoir rappellé à ton frère tout ce qu'il nous a promit. — Je voudrait que tu lui écrivis encore dans huit jours, et que tu l'engagas à se rendres à nos désirs. — Avou-lui que tu connait ses torts, et dit-lui franchement que je voudrait qu'il nous promisse de nous obéirent quand nous l'avertissont. — Une femme de Lacédémone disais à son fils : meurt pour la patrie, et ne te plaint pas : sert ton pays et sacrifis-lui volontiers tout ce que tu a de plus cher. — L'Evangile nous fais un précepte d'aimé ceux qui nous haissent. — Autrefois les drapeaux de nos soldats était bénis avant le combat. — Je souhaite que vous oubliez la funeste recommendation que vous as faite ce jeune étourdi. — Qu'ils soit bénits les amis vertueux qui vous rappèlent à vos devoirs! — Le libertin craind la présence des honnêtes gens, parce qu'il les haït. — Cette femme cout admirablement bien; jamais elle ne pert son temps et ne se plaind de sa position. — Cet orateur me convain et me persuadent, toutes les fois qu'il parlent; c'est qu'il ne chancella jamais dans le chemin de la vertu, et que toujours il se fit un devoir de plaidé la cause de l'innocence.

## LXIXe EXERCICE.

Suito de la récapitulation générale.

Mon frère a rejoind son régiment. — Je hais le soldat qui vent son honneur pour de l'argent. — Il existent des hommes qui ne croyent jamais mourire ; ils mouriront cependant plus tôt qu'ils ne pense. — Pour nous, qui somme plus sages, songons souvent à notre dernière heure. — Cette croix a été bénie par le pasteur du village que nous voyions au pied de la montagne. — Il faux toujours que la pensée précede la parole. — Je voudrais que tu te couchas de bonne heure, pour que tu te levas matin et que tu partis à la campagne au lever du soleil. — Le métal le plus dur s'altere par l'action du temps. — Le sage tent à de si grandes choses, qu'il ne peux se borné aux richesses. — — Mon père par maintenant; si tu par d'abord, tâches de l'atteindres et vous feré route ensemble. — Je nétoye cet appartement, puis je le lourai à ceux qui me le demanderons. — Votre mère, où va elle ? — Craint Dieu et honore tes parents. — Il fallait que tu reçu le premier prix pour que je me réconciliat avec toi, mon fils. — Nous nivèlerons cette allée, et elle serat plus agréable et plus commode. — Il faux que je court à la ville, cherché un médecin ; mon père se meure au moment où je le croiait hors de danger.

## LXXe EXERCICE.

Suite de la récapitulation générale.

Rendé à autrui le bien pour le mal ; c'est une générosité que l'Evangile seul a put inspiré aux hommes. — Un père, chargé de biens et d'années, voulu réglé d'avance sa succession avec ses trois fils, et leur partagé sa fortune, fruit de ses travaux et de son industrie. Après en avoire fais trois lots : « il me restent, ajoutat-il, un diamant de grand prix ; je le destines à celui de vous qui saurat mieux le mérité par quelque action noble et généreuse, et je vous donnes trois mois pour vous mètre en état de l'obtenire. » Aussitôt les trois fils se disperse, mais ils se rassemble au temps prescri ; ils se présente devant le juge, et voici de quelle manière l'aîné rendi compte de sa conduite.

## LXXI^e EXERCICE.

Suite de la récapitulation générale.

« Mon père, durant mon absence, un étranger s'et trouvé dans des circonstances qui l'on obliger de me confié toute sa fortune : il n'avaient de moi aucune sûreté par écrit, et n'aurais été en état de produir aucune preuve, aucune indice même du dépôt ; mais je le lui ait remi fidèlement : cette fidélité n'ait-elle pas quelque chose de louable ? » — « Tu a fais, mon fils, répont le vieillard, ce que tu devait faire : il y aurait de quoi mourire de honte, si on étais capable d'agire autrement, car la probité ait un devoir ; ton action est juste, elle n'es pas généreuse. »

Le second fils plaidat sa cause en ces termes : « Je me trouvé, pendant mon voyage, sur le bord d'un lac ; un enfant venais d'y tombé, et allais se noié, je lui ait sauvé la vie aux yeux des habitants du village que baigne les eaux de ce lac ; ils pourons attesté la vérité du fait. » — « A la bonne l'heure, interrompis le père; mais il n'y at point encore de noblesse dans cette action, il n'y at que de l'humanité. »

## LXXII^e EXERCICE.

Suite de la récapitulation générale.

Enfin le dernier des trois frères prit la parole : « Mon père, dit-il, j'ais trouvé mon ennemi mortel qui, s'étant égarer la nuit, s'étaient endormi, sans le savoire sur le penchant d'un abîme. Le moindre mouvement qu'il eu fais ne pouvai manqué de le précipité au fond; sa vie étais entre mes mains; j'ai prit soin de l'éveillé avec les précautions convenables, et je l'ais tiré de cet endroit fatal. »

« Ah! mon fils, s'écriat le bon père en l'embrassan avec transport, c'et à toi que je doit donné le diamant. Tu a rendus le bien pour le mal; toutes les autres vertus ne te serons plus qu'un jeu; car le plus grand triomphe que l'homme puis obtenir, c'est de se dompté lui-même et d'imposé silence à son ressentiment, en présence de son ennemi. »

## LXXIII^e EXERCICE.

*Analyse grammaticale.*

(Les élèves analyseront les phrases suivantes, qui ne renferment que celles des parties du discours qu'ils connaissent déjà. Ils pourront consulter le n° 256 de la gramm.)

Dieu est un bon père; il protège les enfants vertueux.

L'homme est un être raisonnable, qui doit ses hommages à son créateur.

## LXXIVe EXERCICE.

*Participe présent et adjectif verbal.* (175 à 180.)

(Les élèves corrigeront les fautes contre les règles du participe présent et de l'adjectif verbal en *ant.*)

Vos parents se sont trouvés hier dans des cas fort embarrassant. — Cette jeune personne est brillant de santé. — J'ai trouvé votre mère pleurant la mort de son époux. — Louis XVI et sa famille, prévoyants les malheurs qui les menaçaient, quittèrent la France. — Nos guides prévoyants le danger que nous courions, changèrent de projet. — Nous avons surpris hier deux loups énormes ravageants notre bergerie. — Ces beaux arbres charmant la vue et embaumant l'air, semblent nous transporter dans un séjour enchanteur. — J'ai rencontré dans cette forêt deux animaux ravissant se disputant leur proie. — Les tableaux de cet artiste sont parlant. — Cette pièce est ravissant de beauté. — Point d'importuns laquais, épiants nos discours, critiquants tout bas nos maintiens, s'amusants à nous faire attendre à boire, comptants nos morceaux d'un œil avide, et murmurants d'un trop long dîner. — Mes chiens ont poussé toute la nuit des hurlements perçant. — Votre mère est bien portant, malgré son grand âge; c'est une femme fort agissant.

## LXXVe EXERCICE.

*Participe prés. et adjectif verbal.* (175 à 180.)

(Mêmes fautes à corriger qu'au précédent exercice.)

Je suis allé voir votre tante : elle était bien souffrant. — Le lynx est un animal qui a des yeux fort pénétrant. — Les feux brûlant du soleil sont insupportables dans la zône torride. — Ce peintre rend ses sujets vivant et parlant. — Les Romains, descendant du mont Janicule, mirent en déroute l'armée des Etrusques. — La boisson que mon médecin m'a ordonnée est très adoucissant. — Je ne saurais souffrir autour de moi ces étourdis allant et venant. — On a retiré sur la côte les débris flottant du navire qui a fait naufrage hier. — Avez-vous vu Londres et les villes environnant? — Vous savez sans doute que nous avons acheté ce château et les terres appartenant. — Pourquoi ne voudriez-vous pas que les femmes fussent dépendant de leurs maris? — Le préfet de notre département a donné ordre de dessécher tous les marais et les eaux stagnant qui sont autour de la ville. — Cette jeune personne nous inspire beaucoup d'intérêt; et quoiqu'elle soit souffrant depuis longtemps, elle est toujours prévenant, riant et se tourmentant fort peu. — Les feux roulant de l'artillerie ressemblent aux détonations retentissant de la foudre. — Le soleil lance à midi des rayons éblouissant, éblouissant même la meilleure vue. — Ces coutumes sont étonnant chez un peuple civilisé. — Des bruits affreux, épouvantants les moins peureux, se sont fait entendre cette nuit dans ma maison.

## LXXVIe EXERCICE.

*Adjectif verbal formé du participe passé.*
(N° 183—1°.)

Voici une maison bien bâti, des appartements bien orné, des allées bien tracé. — Nous avons une administration parfaitement organisée. — Vos études achevé, vous viendrez nous rejoindre. —

Nos yeux appesanti ne peuvent plus s'ouvrir. — Les justes, accompagné de leurs bonnes œuvres, se présenteront avec confiance devant le tribunal du souverain juge. — Cette dame, convaincu du néant des vanités humaines, vit maintenant retiré dans la solitude; pénétré de la crainte des jugements de Dieu, elle passe une vie isolé, mais paisible. — Nos membres fatigué demandent du repos. — Les tritons avaient une conque recourbé, dont ils faisaient retentir les airs. — Vous représenterai-je nos villes incendié et détruit, nos campagnes ravagé, nos moissons renvesé, foulé aux pieds, nos femmes et nos filles insulté par un vainqueur inhumain, enfin nos enfants conduit en captivité. — Que de maux souffert inutilement, que d'affronts dévoré en vain dans cette circonstance déplorable. — Avez-vous vu passer hier la reine traîné dans un char magnifique? — Que de sots bien vêtu se permettent de faire la leçon aux savants!

## LXXVIIe EXERCICE.

### *Adjectif verbal formé du participe passé.*

(N° 183 — 1°.)

Vous ferez mention des sommes dépensé, des peines pris, des courses souvent renouvelé pour le succès de cette affaire. — Quelle est belle la nature cultivé! quelle est pompeusement paré! L'homme en fait le principal ornement; son bras laborieux en multiplie les richesses: les terrains les plus arides fécondés, les torrents contenu, resserré, les fleuves rendu navigables, les canaux creusé, les marais assaini, les vallées enrichi, les collines chargé de vignes, les fruits multiplié, les sommets des montagnes couronné de forêts verdoyantes; des ports creusé, des villes bâti, des routes ouvert, des landes cultivé, des animaux sauvages apprivoisé et utilisé, ne sont qu'une partie des travaux de l'homme. Les secrets de la nature étudié, compris, dévoilé; les mouvements des corps calculé, les lois qui les régissent découvert, analysé; leur marche reconnu, leurs distance mesuré, leur révolution prédit, leur immensité apprécié avec exactitude, sont le résultat de son génie et de son imagination.

## LXXVIII<sup>e</sup> EXERCICE.

### *Analyse grammaticale.*

(Les élèves analyseront les phrases suivantes.)

La vertu humiliée trouvera un vengeur. — Nos soldats fatigués se livrent au sommeil. — La flotte française a remporté une éclatante victoire.

## LXXIX<sup>e</sup> EXERCICE.

### *Participe passé combiné avec l'auxiliaire* être.

(N° 184.)

Les lois sont faites pour être observé. — La vertu est souvent opprimé. — Ces jeunes gens ont été applaudi de toute l'assemblée. — Sa tête est appuyé sur sa main, ses regards sont attaché à la terre, on ne sait si elle pleure; mais ses prunelles sont mouillé. — Nous sommes devenu enfants de Dieu par le baptême. — Les langues ont été formé, avant que les grammaires fussent connu. — Que sont devenus ces tyrans oppresseurs des peuples ? ils sont mort ; et leur mémoire est maudit de la postérité. — C'est au tribunal de Dieu que seront cité tous les hommes, et que leurs œuvres seront examiné, jugé, puni ou récompensé. — Que de pauvres sont cruellement délaissé par les riches! — Pendant deux jours, nous avons été exposé à la plus horrible tempête qui se soit jamais élevé sur nos côtes. — Notre maison a été vendu bon marché, parce qu'il faut qu'elle soit démoli. — La route qui doit être tracé passera devant notre nouvelle habitation. — Qu'est devenu cette fortune qui a été acquis par tant d'injustice ? — Souvent la puissance qui est établi par le crime, est renversé et anéanti par le moindre revers. — Les enfants laborieux sont aimé et honoré de tout le monde, tandis que les paresseux sont haï et méprisé.

## LXXXe EXERCICE.

*Participe passé combiné avec l'auxiliaire* être.
(N° 184.)

Les princesses seront reçu et fêté par toute la population de notre ville. — Une bien triste nouvelle nous a été annoncé hier; votre mère est tombé dangereusement malade: on dit même que sa maladie a été déclaré mortelle. — Il y a eu assez de victimes expiatoires dans votre famille; toutes les souffrances ont été souffert, toutes les douleurs épuisé, toutes les larmes versé. — Des règlements ont été établi à ce sujet, et des ordonnances seront bientôt publié pour les faire exécuter. — Notre armée eut été exposé à toute l'intempérie de la saison, si les ordres du général eussent été exécuté.

Il paraît, Madame, que vous avez été exposé gratuitement aux railleries effrontées de ce jeune libertin; mais vos vertus, qui sont connu et apprécié de tout le monde, vous mettent à l'abri de ses insultes. Depuis que mes sœurs sont parti, la joie et les plaisirs ont été banni de notre demeure. — Que de grands personnages sont tombé, sans s'être jamais relevé! — Les impies seront puni au grand jour des vengeances éternelles. — Les actions du sage sont ignoré du vulgaire. — De quelle horreur n'avons-nous pas été saisi, à la vue d'un pareil attentat. — Les malfaiteurs qui ont été arrêté ce matin, seront convaincu et puni. — Mes amis, soyez persuadé qu'il n'y a pas d'offense si grande qui ne mérite d'être pardonné. — Les découvertes les plus précieuses sont du presque toutes au hasard.

## LXXXIe EXERCICE.

*Participe passé combiné avec l'auxiliaire* avoir, *et n'ayant pas de régime, ou bien l'ayant placé après lui.*

(N° 186. Exemples du participe invariable.)

Ma sœur a récitée sa leçon. — Nous avons achetés cette maison. — Avez-vous finis? — La grêle a ravagées toutes les terres du château. — Ma mère, vous avez acquise une belle propriété. — Ces jeunes gens ont beaucoup travaillés; ils ont achevés leurs devoirs. — Votre sœur dit qu'elle a reçue une lettre. — Après le combat, les Français ont poussée leur avant-garde jusqu'à la Vistule. — Elle a composés des vers charmants. — Cette rose a conservée sa fraîcheur. — Les artifices des Grecs ont renversée la ville de Troie. — Un bon prince a toujours protégées les sciences et les arts. — Ces savants nous ont adressés diverses questions relatives aux nouvelles découvertes. — Nous aurons bientôt terminées toutes nos opérations. — Que fait Julie? Elle a finie, et elle se promène. — Nous avons retardée notre horloge. — J'ai plantées beaucoup de fleurs dans mon jardin. — Louis a passées deux heures à jouer. — Avez-vous oubliées les règles de la grammaire? — Mon père a due cette idée au mémoire de l'académie. — Messieurs, vous avez rendus de grands services à la société. — Nous avons parcourues les diverses parties du globe. — Avez-vous finies toutes vos entreprises. — Grâce à Dieu, nous avons terminés.

## LXXXII^e EXERCICE.

*Participe passé combiné avec l'auxiliaire* avoir, *et ayant son régime direct placé avant lui.*

(N° 486. Exemples de l'accord du participe.)

Les livres que nous avons lu. — La verité que je vous ai dit. — Les victoires que nos soldats ont remporté. — Les règles que vous avez appris, analysé, compris, étudié. — Les lois que nous avons établi. — Vos traits, je les ai gravé dans ma mémoire. — Les ouvrages que cet homme a composé. — Les prunes et les cerises que nous avons cueilli. — Les services que je vous ai rendu. — Combien de fautes il a fait! — Les récompenses que m'a promis mon père, me seront certainement accordé. — Les eaux qu'ont bu nos soldats, étaient corrompu. — La tempête que nous avons éprouvé, nous a jeté sur une terre inconnu et inhabité. — Mon frère nous a bien servi dans cette rencontre. — Que de peines vous avez eu pour venir à bout de ce projet. — Les vers que vous avez lu, ont été composé par un enfant de douze ans. — Les maisons que mon père a acheté, sont commodes et bien bâti. — Les bons offices que nous avons reçu de vous, Monsieur, nous ont pénétré de la plus vive reconnaissance. — Ce vieillard est bien malheureux ; il lui restait une petite chaumière, les ennemis l'on brûlé. — Les orateurs que nous avons applaudi, méritaient de l'être. — Les conquêtes que la nation française a fait, l'ont rendu redoutable aux peuples voisins. — L'importance que vous avez mis à cette affaire, l'a conduit au succès. — Les déprédations que les armées étrangères ont exercé sur notre territoire, ont été vengé par nos soldats victorieux.

## LXXXIIIe EXERCICE.

*Participe passé des verbes neutres et impersonnels combiné avec l'auxiliaire* avoir.

(187. 1re Remarque.)

Les trente-trois années que J. C. a vécues, ont été marqué par des bienfaits. — Les grandes chaleurs qu'il a faites cette année, ont été cause de bien des maladies. — Les sommes que ma maison m'a coûtées sont considérables. — Les trois heures que ma mère a dormies, ont un peu réparé ses forces. — Je ne saurais vous exprimer toute la joie que votre lettre m'a value. — Je me ressentirai longtemps des fatigues que m'a coutées cette campagne. — Ce prince a fait le bonheur de ses sujets pendant les quinze années qu'il a régnées. — Quelles fâcheuses aventures vous est-il arrivées ? — Je ne revendrai certainement pas mon domaine les cent mille francs qu'il m'a coûtés. — Les enfants ne peuvent jamais récompenser leurs parents de toutes les peines qu'ils leur ont coûtées.

## LXXXIVe EXERCICE.

### *Participe passé des verbes réfléchis.*

(188. 2e Remarque.)

Les Français se sont rendu maîtres de l'Italie. — Mes fils se sont livré avec ardeur à l'étude des beaux-arts. — Ces deux enfants se sont battu, et se sont dits des injures. — Après le combat, les deux généraux se sont donnés les preuves de l'estime la plus sincère. — C'est à l'ombre de la paix que les arts se sont perfectionné. — Les eaux de ce lac se sont pratiquées des routes souterraines. — Les trois filles de ce prince se sont partagées ses riches domaines. — Quand une fois les vices se sont emparé de notre cœur, il est bien difficile de les en déraciner. — Connaissiez-vous cette jeune personne qui s'est noyé hier dans le Rhône ? — Que de saints se sont renié, se sont vaincu pour suivre Jésus-Christ ! — L'occasion qui s'est présenté était fort belle ; nous sommes étonné que vous ne l'ayez pas saisi avec empressement. — Les rois qui se sont succédés sur le trône de France n'étaient pas tous dignes d'amour. — Ces malheureux s'étant vu abandonnés de tout le monde, se sont encouragé à supporter courageusement leur infortune. — Cette personne s'étant convaincu de l'inutilité de sa défense, s'est donnée tort en présence des juges. — Que de jeunes gens se sont nuis par une conduite imprudente et déréglée.

## LXXXVe EXERCICE.

*Récapitulation sur l'adjectif verbal, le participe présent et le participe passé.* (175 à 188.)

Les succès étonnant que nous avons obtenu, nous les avons du à nos efforts constant et multiplié. — Nous avons relevés beaucoup d'erreurs dans les deux ouvrages qui sont sorti de la plume de cet illustre écrivain. — Les avis que nous vous avons donné, les avez-vous suivi? — Lorsque les trompettes retentissant eurent été entendu, vous eussiez vue l'armée s'ébranler, et le combat s'engager de toutes parts. — Ces deux héros se sont attaqué avec une ardeur incroyable. — Ces jeunes personnes se sont plues, dès le premier moment qu'elles se sont vu. — Que d'écoliers se sont repenti d'avoir perdu leur temps.

Il s'est glissées bien des fautes dans cet ouvrage. — Ma fille, vos parents ne se sont pas trompé dans l'espérance qu'ils avaient conçu de vous. — Les règles que nous avons expliqué, les avez-vous enfin compris? — Ces enfants se sont corrigé des défauts que nous leur avions reproché. — Ma sœur s'est coupée le doigt; elle s'est aussi blessé à la jambe. — Que de faibles entraînés, que d'âmes chancelant retenu dans le devoir au récit des actions admirables des héros du christianisme! — Ces livres sont intéressant : de qui les avez-vous reçu? — Ces orateurs ont parlés, et tous les cœurs se sont attendri.

Les fautes qu'ont commis ces généraux ont exposée l'armée à une défaite inévitable. — Les révolutions qu'il y a eues dans ce royaume, ont arrêtés les progrès des lettres. — Turenne ne voulait d'autre récompense des services qu'il avait rendu à sa patrie, que l'honneur de l'avoir servi. — Nous ne devons jamais sortir des bornes que nous a prescrit la nature. — Mes enfants, les bons avis que je vous ai donné, et que vous n'avez pas suivi, vous auraient garanti des maux que vous avez éprouvé. — Les poètes se sont prescrits des lois gênantes. —

Que d'ennemis se sont fait les tyrans par leur injustice! — Nous nous souvenons encore de la famine qu'il y a eue à Lyon en 1793. — Cette bonne mère s'est proposé pour modèle à ses enfants. — Souvent les rois, enivré de leur propre grandeur, oublient celui qui les a fait grands. — Je regrette les sommes immenses que cette terre nous a coûtées. — Qu'est-ce que les jours que nous avons existés sur la terre, en comparaison de l'éternité? — Madame, vous êtes-vous souvenu des promesses que vous m'aviez fait? — La parole que vous m'aviez donné, l'avez-vous tenu? — Mon fils, comptez-vous pour rien les vingt ans que j'ai travaillés pour vous, et toutes les peines que je me suis donné? — Il s'est formée une réunion d'hommes savants pour examiner les questions qu'on a proposé.

Les soldats de ce régiment se sont révolté contre leurs officiers. — Il s'est établie une discussion, qui ne sera pas terminé de longtemps. — La reine que nous avons visité, nous a reçu avec sa bonté ordinaire. — Il s'est déclarée une épidémie qui renouvellera les ravages qui ont existés l'année dernière. — Ces usages, pourquoi ont-ils été établis? — Mille images affreuses se sont offert à mon imagination troublé. — Cette bataille s'est livré, au moment où la lune s'est éclipsé à nos yeux. — Ma fille, vois où t'a conduit ta vanité. — Ces livres, quand on nous les a eu rendu, nous vous les avons aussitôt envoyés. — Quand nous fûmes descendu sur le rivage, les habitants de l'île qu'avait attiré nos cris, nous offrirent avec bonté les fruits qu'ils avaient cueillis dans leurs forêts. — Les phrases sont plus ou moins douces, selon les mots qu'on a choisi, selon la place qu'on leur a assigné, et selon la manière dont on les a joint ensemble.

Cette femme est si orgueilleuse, qu'elle ne s'est pas donnée la peine de m'entendre.—On étudie mieux de notre temps la langue qu'ont parlé Homère et Démosthène. — Les chagrins que ces enfants dénaturé ont causé à leur mère l'ont conduit au tombeau. — Que de maux n'ont pas souffert nos soldats! à combien de privations ne se sont-ils pas exposé! — Le baptême nous a rendu enfants de Dieu. — Que de faveurs cet homme bienfaisant ne vous a-t-il pas prodigué.—Cette princesse, l'avez-vous remercié de tant de bontés qu'elle vous a accordé, de tant de services qu'elle vous a rendu? — Mes frères se sont attirés bien des reproches par la mauvaise conduite qu'ils ont mené. — La reine Cléopâtre s'est donnée la mort, en se faisant mordre par un aspic. — Vos frères sont toujours les mêmes que je les ai connu.

## LXXXVI EXERCICE.

### *Analyse grammaticale.*

(Les élèves analyseront les phrases suivantes.)

Lucrèce s'est donné la mort. — Les mauvaises nouvelles que nous avons reçues, nous ont causé une grande douleur.

## LXXXVII^e EXERCICE.

L'ADVERBE. (Gramm. 189, 190, 191, 192.)

(Les élèves souligneront les adverbes que contiennent les phrases suivantes.)

Hâtez-vous lentement, quelque soin qui vous presse. — Réfléchissez mûrement avant que de rien entreprendre. — Ce jeune homme agit modestement. — Ne fréquentez que des amis qui vous soient parfaitement connus. — Il faut d'abord écouter attentivement, ensuite il faut répondre honnêtement. — Venez auprès de nous, vous y serez beaucoup mieux que partout ailleurs. — Ne trompez jamais qui que ce soit. — Tôt ou tard le mensonge est reconnu. — Pourquoi, ma fille, seriez-vous fière de votre beauté? — L'avare n'a jamais assez de trésors, il en amasse toujours; le prodigue, au contraire, dépense plus qu'il ne possède. — Souvent on se repent d'avoir agi trop précipitamment. — Celui qui se plaint à contre-temps s'expose à n'être plus écouté. — La Saône n'est pas aussi large que le Rhône. — Entrez; pourquoi demeurez-vous dehors? — Moïse monta sur le mont Nébo, et il vit de là la terre promise. — Jacob alla en Mésopotamie et y demeura vingt ans. — Pourquoi chercher loin de votre patrie le bonheur que vous pouvez y trouver? — Pompée n'avait pas moins d'ambition que César. — Saint Ambroise avait autant de science que de piété. — Autant qu'il le put, Titus exhorta les Juifs à la paix. — Autant de passions, autant de bourreaux. — Ce jeune homme emploie son argent mal à propos. — Ces orateurs sont restés courts. — Souvent cette personne n'y voit pas clair. — Messieurs, parlez plus bas.

## LXXXVIII^e EXERCICE.

LA PRÉPOSITION. (Gramm. de 193 à 202.)

(Les élèves souligneront les prépositions que renferment les phrases suivantes.)

L'empereur Adrien passa l'hiver dans la ville d'Athènes. — Marc-Aurèle retournant à Rome, séjourna longtemps en Orient. — Eliézer partit de Mésopotamie pour revenir chez Laban son maître. — Douze licteurs marchaient devant les consuls. — Nous sommes arrivés avant vous. — Que de siècles se sont écoulés depuis la création! — La diligence a été escortée depuis Bordeaux jusqu'à Toulouse. — Partirez-vous avec moi, mon frère? — Que de cruautés se sont commises pendant nos révolutions et durant les troubles de nos guerres civiles! — Avez-vous étudié l'Evangile selon saint Luc? — L'esprit sans jugement est dangereux. — Tout est perdu hors l'honneur. — Un Français ne doit pas combattre contre sa patrie. — Mon père a succombé malgré tous les secours qu'on lui a prodigués. — Soyez affable envers tout le monde. — Souvent on travaille pour des ingrats. — Votre ami devait être repris par vous seul, mais avec douceur et sans rancune. — J'espère, moyennant vos avis, ne rien faire qui puisse me compromettre. — Le chrétien doit se conduire suivant les préceptes de l'Evangile. — Les Juifs immolaient le bouc hors des murs de Jérusalem. — Il faut que la concorde et l'amitié règnent entre des frères. — Nous n'avons pas achevé, attendu l'heure avancée.

## LXXXIXe EXERCICE.

*Analyse grammaticale.*

(Les élèves analyseront la phrase suivante.)

Combien de jeunes gens, résistant à la grâce, se conduisent suivant les exemples de quelques amis corrompus !

## XCe EXERCICE.

ADVERBE ET PRÉPOSITION. (De 189 à 202.)

(Les élèves sépareront les adverbes des prépositions.)

Derrière. — Alors. — Dedans. — Sans. — Pour. — Sauf. — Déjà. — Près. — Voilà. — Toujours. — D'abord. — Vis-à-vis. — Beaucoup. — Maintenant. — Touchant. — Depuis. — Pendant. — Pourtant. — Trop. — Parmi. — Suivant. — Auprès de. — Peu. Aujourd'hui. — Bientôt. — Volontiers. — Souvent. Outre. — Même. — Près. — Très. — Davantage. — Malgré. — Loin de. — Moyennant. — Durant. — Assez. — Aussi. — Sur. — Selon. — Nonobstant. — Bien. — Malgré. — En. — Presque. — Envers. — Entre. — Hormis. — Autant. — Jamais. — Hautement. — Hier. — Là. — Dessus. — Désormais. — Enfin. — Environ. — Hors. — Dans. — Ensuite. — Demain. — Mieux. — Moins. — Vers. — Voici. — Dehors. — Par. — Dessous. — Devant. — Dès. — Où. — Guère. — Ici.

## XCIe EXERCICE.

### LA CONJONCTION. (Nos 203, 204, 206.)

(Les élèves souligneront les conjonctions qu'ils rencontreront dans les phrases suivantes.)

L'Europe, l'Asie et l'Afrique étaient connues des anciens. — Ni mon père, ni moi, ne sommes de votre avis. — Vous n'ignorez pas que Dieu est éternel. — Je suis persuadé que vous viendrez aussi nous voir. — Un berger, disait Tibère, tond ses brebis, mais il n'a garde de leur enlever la peau. — Amenez avec vous votre frère ou votre sœur. — Ayons toujours l'esprit égal, soit dans l'adversité, soit dans la prospérité. — Quoique vous ayez droit, évitez néanmoins les procès, si cela vous est possible. — L'homme est condamné au travail; il faut donc fuir l'oisiveté. — Soyez fidèles à vos devoirs, sinon craignez la vengeance divine. — Je crois que vous pouvez compter sur son appui; du reste, je n'en réponds pas. — Comme j'arrivais, il partait, ainsi que vos parents. — Aimez votre père et votre mère, parce que Dieu vous l'ordonne. — Je vous aurais donné de l'argent, si toutefois j'en avais eu. — Je vous ai dit toutes ces choses afin que vous ne les ignoriez pas. — Mon fils se repose tandis que je veille. — Quand arrivera votre frère? Dès qu'il aura terminé ses affaires. — Si vous venez, vous me ferez plaisir. — Je tiendrai ma parole, pourvu que vous teniez la vôtre.

## XCIIᵉ EXERCICE.

### LA CONJONCTION. (N° 205.)

(Les élèves écriront l'exercice suivant, en distinguant *que* conjonction par un seul trait tiré dessous, et *que* relatif par deux traits.)

Dieu annonça à Adam et à Ève que s'ils mangeaient du fruit qu'il leur avait interdit, ils mourraient. — Vous savez que les livres que j'ai reçus sont à votre service. — Josué dit aux Juifs : Vous voyez que le Seigneur vous a donné la terre qu'il vous avait promise, et que vous en jouissez maintenant. — Les prophéties nous assurent que le peuple juif reconnaîtra un jour le Messie qu'il a mis à mort. — N'allez pas croire que ce que j'ai dit est vrai : ce n'est qu'une plaisanterie de ma part. — Vous savez que saint Cyprien, que les fidèles de Carthage élurent évêque, avait d'abord enseigné la rhétorique. — Je soupçonne que la nouvelle que vous avez apprise, vous a beaucoup alarmé. — Ce soldat croyait que la blessure qu'il a reçue était mortelle. — Savez-vous qu'Alexandre-Sévère, empereur romain, voulait bâtir un temple à Jésus-Christ, qu'il vénérait? — Vous avez sans doute lu que Constantin, que l'on regarde comme le premier empereur chrétien, établit le siége de l'empire à Bysance. — Daniel répondit au roi : Seigneur, soyez persuadé que le Dieu que j'adore est le seul vrai Dieu. — Qui eût jamais cru que Salomon, que Dieu avait comblé de tant de bienfaits, adorerait les idoles?

## XCIII^e EXÉRCICE.

*Analyse grammaticale.*

(Les élèves analyseront la phrase suivante.)

Les anciens savaient que la terre tourne autour du soleil, et que les étoiles sont immobiles dans l'espace.

## XCIV^e EXÉRCICE.

*Signes orthographiques.* (N^os 210, 212, 213, 215.)

Un homme *etendu* sur son lit, *a* demi-*eveille*, lorsque le soleil est *deja* au haut de sa *carriere*, est un spectacle qui *deshonore l'humanite;* la molesse a toujours *ete meprisee.*—Eloignons de notre *familiarite* ces jeunes gens *ajustes* comme des femmes : l'homme doit garder une noble *simplicite* dans ses *vetements.* — C'est *etre* presque innocent que de se *répentir* d'avoir *peche :* on n'est pas *eloigne* de rentrer dans la voie de la vertu, quand on est *fache* de l'avoir *quittee.* — Faites toujours vos efforts pour *etre honnete* homme. — Un ouvrage bien *commence* est *a moitie* fait. — Celui qui *differe a* bien vivre, ressemble *a* ce paysan qui, ayant *trouve* un fleuve dans son chemin, *à* la *simplicite* d'attendre, pour passer, que toute l'eau soit *ecoulee.* — *Hatez*-vous d'*enchainer* vos passions, pour en *arreter* la fougue *impetueuse.* — Ne fuyez pas la *societe* des vieillards : leur *presence* vous accoutumera *a etre* circonspect dans vos discours; et leur prudence corrigera l'*inexperience* de votre *age.* — Qu'il serait *a* souhaiter qu'on *vit renaitre* les mœurs pures et *severes* de nos *ancetres !*

5

Il n'appartient qu'*a* la vertu de former la *veritable amitie :* le vice peut en produire le *fantome*, mais non la *realite.* — Partout *ou* vous serez, ayez pour la religion le respect qui lui est *du.* — L'amour-propre et l'*egoisme* prennent souvent les *dehors* du *devoument* pour mieux *menager* leurs *interets ;* on *parait* aimer les autres, et on n'aime que soi-*meme.* — Nous irons vous trouver *la ou* vous *etes.* — Il n'est pas toujours *sur* de se fier *a* de belles protestations, et l'on est chaque jour *expose a etre trompe* par de faux amis. — Je crains les Grecs, dit un *poete* ancien, lors *meme* qu'ils me font des *presents :* combien de personnes qui ne vous obligent que pour vous prendre dans leurs *embuches* et dans leurs *pieges!* mais il n'y *á* rien *a* craindre d'un *honnete* homme qui oblige. — Il faudrait que l'impie *connut* et *pratiquat* la religion pour en *apprecier* la douceur et la *verite.* — Quand nous *arrivames,* nous *reçumes* la nouvelle du *depart* de mon *pere ;* le *votre* n'*etait* point encore *arrive.* — Il est *sur* que cet arbre *á cru* d'un pied cette *annee.*

## XCVᵉ EXERCICE.

*Signes orthographiques.* (210, 212, 213, 215, 219, 220, 222.)

Une ourse avait un petit qui venait de *naitre ;* mais il *etait* si laid, qu'il faisait honte *a* sa *mere.* L'ourse au *desespoir* va trouver la corneille qui, tout *pres* de *la*, *perchee* sur un arbre, faisait grand bruit par son caquet. Que *ferai je*, lui *dit elle,* ma bonne *commere*, de ce petit monstre? J'ai envie de l'*etrangler.* *Gardez vous en* bien, *repondit* la causeuse ; j'ai vu d'autres *meres* dans le *meme* embarras que vous. *Lechez* doucement votre fils, et *prodiguez lui* chaque jour vos caresses ; vous verrez que *bientot* il vous sera moins *desagreable*. L'ourse *emerveillee* de la *lecon*, eut la patience de *lecher* longtemps son nourrisson, qui *commença* enfin *a etre* moins difforme *a* ses yeux. Oh ! que l'impatience *empeche* de biens et cause de maux ! — *Applaudissez vous* de vous *etre habitue a* l'*obèissance* : s'*agira t il*, mon fils, d'*executer* l'ordre d'un *superieur*, il ne vous en *coutera* pas plus que d'apprendre aujourd'hui une *lecon*. — Un *caractere opiniatre* ne se voit pas plus *tot oblige a* l'*obeissance*, qu'il se *depite*, *deplait* aux autres, remplit mal sa *tache*, et se fait de la peine *a lui meme*.

Au point *ou* vous en *etes*, vous *est il* possible de reculer ? — *Si il* arrivait que la *societe* de ces personnes ne vous *plut* pas, *quittez les* avec *honnetete* et ne les *frequentez* plus *desormais*. — *Voila* de belles fleurs ; *cueillez en a* votre loisir. — Je *desirerais* que mon *frere vint jusque a* la maison ; j'ai *a* lui communiquer vos *reflexions*, et *quelque autre* chose encore *a* lui demander : *dites le lui*, et *amenez le* avec vous, *si il* vous est possible. Je n'aime pas les *privileges*, et *dusse je* vous *deplaire*, je vous dirai franchement ma *facon* de penser *a* cet *egard*. — *Ou* la vertu finit, *la* commence le vice. — Votre secret ne m'a point *echappe* dans cette circonstance ; mais je me suis *tu*. — Il faut s'*entre aider* les uns les autres ; c'est la loi de l'*humanite*. — Ces enfants ne savent pas s'amuser *entre eux*. — Le *maitre* de cet *hotel* me *parait* un homme *genereux quoique il* soit un peu fier. — Nous avons vu ce soir un bel *arc en*

5.

*ciel.* — Ces jeunes gens sont bien dignes de votre *amitie ; accordez la leur.*

Homme, *ou* te *cachais tu*, quand du sein du chaos,
La *lumiere* naquit, fille de mes paroles?
*Ou pesas tu* la terre? *ou scellas tu* ses *poles?*
*As tu* franchi le seuil des prisons de la mort,
Vu le berceau du jour, le lit *ou* la nuit dort?
*As tu prete* la vie *a* l'argile *grossiere?*.....

## XCVIe EXERCICE.

*N. B.* Les exercices de ponctuation sont renvoyés à la fin du vol.

### *Lettres majuscules.* (Nos 241, 242.)

*la* gloire des *thébains* qui avait commencé avec *épaminondas* et *pélopidas* eut la même fin que ces deux grands hommes. — *annibal* se plaignait que les *romains* n'étaient plus les mêmes que du temps de *pyrrhus*. — *saint arnou* et *saint clou* ou *clodulphe*, son fils, occupèrent l'un après l'autre, le siége de *metz*. — *apion* assure qu'il avait vu lui-même ce qu'il rapporte d'*androclès* et du *Lion*. — *le Général magon* se tua lui-même ; et les *carthaginois* irrités de ce qu'il n'avait pas fait la conquête de la *sicile*, firent mettre son corps en croix. — *alexandre* aimait *aristote* comme s'il eût été son père. — *saül* haïssait *david :* il n'en était pas de même de *jonathas*. — *les juifs* et même les païens ont admiré la doctrine de *jésus-christ*. — *pausanias*, général des *lacédémoniens*, après avoir vaincu l'armée des *perses*, et sauvé la *grèce*, fut assez ambitieux pour désirer l'alliance du *Roi xerxès*. — *les* généraux *Romains* supportaient patiemment les fatigues de la guerre. — *la géométrie* et *l'arithmétique* sont très utiles. — *ce* matin l'*Empereur* d'*autriche* doit passer par *lyon*. — *nous* traiterons dans le courant d'*avril* les questions d'*astronomie*. — *un Roi* doit être le père de ses sujets. — *les* soldats *Français* sont rarement vaincus. — *les* païens sacrifiaient aux *furies*. — *iwan IV*, *czar* de *moscovie*, après avoir conquis les royaumes de *casan*, d'*astracan* et la *livonie*, se livra à une indolence qui fit murmurer les *russes*. — *la scùlpture* et la *peinture* sont deux arts admirables.

*un* lierre allait périr sur la terre étendu;
*un* mur protégea sa faiblesse,
*et* du mur, à son tour, il soutint la vieillesse;
*un* bienfait n'est jamais perdu.

– *le* papillon. –

*du* courtisan portrait fidèle,
*le* papillon rampe longtemps
*avant* de déployer son aile;
*et* disparaît au mauvais temps.

## XCVII^e EXERCICE.

*Remarques particulières sur les lettres.*

(N^os 243, 244, 245, 247, 251.

Ce *tenple* a une *facade inposante*. — Avez-vous vu les *anbassadeurs* du Japon? — Le prince donnera demain une fête *chanpêtre*. — Je ne *concois* pas cette question; elle paraîtra *enbarrassante* à un grand *nonbre* de savants. — Votre *gagure* est *inprudente;* il vous *inporte* une autre fois de mieux réfléchir. — Nous *forcâmes* l'*enprunteur* à restituer, et nous *vengâmes* ainsi votre *honeur.* — *Corrigons*-nous de nos défauts, et donnons toujours de bons *exenples.* — Ma *grande mère* s'est montrée fort *enpressée* à *enbellir* son nouveau séjour. — Nous nous sommes *enparés* de cette hauteur, et là les *déconbres* d'un *tenple* d'idoles ont été *enployées* par nos *conpagnons* à construire un *renpart.* — Mon fils, soyez *hunble*, et ne vous *inpatientez* pas si l'on blâme vos *enportements.* — Nous avons assisté aujourd'hui à la *grande* messe. — Nous avons parcouru toute la *grande* rue pour faire nos *enplettes.* — *Arrangons* au plus tôt cette affaire, cela nous sera plus *honnorable.* — Ce fut dans cette occasion *solanelle* que ce guerrier s'*apercut* enfin que les *honeurs* sont périssables. — Le spectacle d'une *tenpête renplit* l'âme de terreur. — Louis est *tonbé* malade par sa faute, il a bu de l'*orgat* en *mangant* des fruits verts. — Enfants, *honnorez* vos parents, et Dieu vous *conblera* de ses bénédictions.

Conjuguez les verbes *enlacer* et *regorger.*

## XCVIII^e EXERCICE.

### *Orthographe des mots dérivés.* (N° 255.)

Le *bor* (1) de ce torrent est trop escarpé, pour qu'on puisse franchir de l'autre côté d'un seul *bon* (2). — La fraîcheur de ce *boi* plaît au *bergé* et

(1) De *border.*
(2) De *bondir.*

au troupeau. — Il faut cultiver un *cham* pour qu'il devienne *fécon*.—Le *chan* du rossignol me charme au milieu du calme et du *repo* de la nuit. — La *fain* est un fléau terrible. — Cet impie se voyant sans *crédi* et sans ressources, a saisi un *fusi*, et a mis *fint* à ses jours. — Vit-on jamais le *marchant* confier au *hasar* toute sa fortune. — Jamais un *magistra* intègre ne condamne à *mor* sans preuves convaincantes. — Le *san* des martyrs a coulé dans tout l'*univer*. — Cet *explai* fait honneur à ce général, en *dépi* de la jalousie de ses détracteurs. — Voilà du *dra* qui est *pleint* de taches ; nous ne pourrons jamais en faire un beau *tapi*. — Mon cheval a le *galot* extrêmement dur. — Votre *débu* n'a pas été heureux. — Quand l'auditeur n'a pas de *goû*, c'est en *vin* qu'on prononce devant lui les plus beaux discours. — L'indifférence est le vice le plus *profont* de la société. — La Suède possède beaucoup de riches mines d'*étain*. — Ce *plafont* n'est pas solide ; il faut le refaire. — Mon père a un *estoma* très faible. — Tenez toujours votre *rant* sans prétention. — Le discours de cet *avoca* était *lont* et *diffu*. — Un *so* trouve toujours un plus *so* qui l'admire. — A un *grant* mal, il faut un *promp* remède. — Le chaos des poetes était un *ama confu* de tous les éléments. — J'ai fait ce matin un *lon accro* à mon manteau. — L'Evangile est un livre *divain*.

## XCIX[e] EXERCICE.

*Récapitulation des trois exercices précédents.*

*l'empereur* a *recu* des dépêches de *berlin*, capitale du royaume de *prusse*. — *les français* sura été digne de ses *exploix.* — *versailles* est du *ressor* de la cour royale de *paris.* — Il s'est élevé entre ces deux frères des *de'bas* scandaleux. — On s'*apercoit* depuis plusieurs siècles que les *flos* de la mer envahissent peu à peu certaines îles de la *norwège,* dont les *bors* sont peu escarpés.

## C^e EXERCICE.

*Analyses grammaticales raisonnées.* (N° 256.)

(Les élèves analyseront les phrases suivantes, ainsi que beaucoup d'autres semblables que les maîtres leur donneront chaque jour. Ils feront en sorte d'entrer dans le plus de détails que possible, et suivront les modèles, pages 97 et 98 de la grammaire, et tous ceux que nous avons déjà donnés.)

1° Les décrets de la divinité sont impénétrables à l'esprit humain.

2° Tout doit tendre au bon sens; mais pour y
parvenir,
Le chemin est glissant et pénible à tenir.

3° Employez vos richesses à rendre la vie plus supportable à des infortunés que la misère a peut-être réduits à désirer la mort.

4° La chose qu'on doit craindre avec le plus de raison, c'est que le vice ne prenne la place de la vertu.

5° Pourrait-on croire qu'il se soit fait tant d'ennemis, tout homme de bien qu'il est!

passent en bravoure tous les autres peuples de l'*europe*. — *l'enbarras* avec lequel a répondu ce prisonnier, fait naître en moi un terrible *soupcont*. — Ce jeune homme a fait bien des *écards*. — *lorsque turenne renportait* quelque victoire, il l'attribuait à la valeur de ses soldats. — *nous vendangons* demain; ainsi venez nous rejoindre à la *canpagne*. — *la* plupart des *chretiens* se laissent aller à la *vengance* : est-ce ainsi qu'ils suivent l'*exenple* du *divain rédenpteur*? — Rien n'échappe aux *regarts* de Dieu. — *la fint* de *voltaire* a été digne de sa vie; telle sera celle des *inpies* qui persistent jusqu'à la *mor* dans leur incrédulité. — Que sont les biens de ce monde en *conparaison* de ceux que nous promet l'*évangile*. — *l'univer entie* n'aurait pu satisfaire l'*anbition* d'*alexandre*. — *voyez conbien* de peines se donnent les *mondins* pour acquérir des trésors qu'ils n'*enporteront* pas au-delà du *tonbeau*.

*le* peuple *Français* est trop souvent le jouet des *anbitieux* et des intrigants. — *cet* âne a *ronpu* son licou, brisé son *bâ*, et s'est sauvé à travers les *chams voisains*. — *avancons* toujours dans le *chemain* de la vertu, et que nos actions soient d'*accort* avec nos paroles. — *après* le *conbat*, un *froit* mortel *glacait* nos soldats; alors le *roi juga* à *propo* d'ordonner la retraite. — *ce placar* n'est pas assez *profont*. — *moderez* le *transpor* de votre ardeur, et sachez que l'*excet* nuit partout. — Si nous pensions que *gabriel* se *corrigât*, nous n'hésiterions pas à le *réconpenser* dès ce moment. — Nous avons entendu tirer le *canont* en réjouissance de la victoire *renportée* par notre armée. — *le conpa* est un instrument nécessaire à l'*écolie* qui étudie la *géometrie*. — *lè trépa* de ce *guerrie*

## CI^e EXERCICE.

### *Analyse logique.*

(L'élève coupera en propositions les phrases ci-après, par des lignes verticales, de la manière suivante.)

L'écolier diligent est loué; | tandis que le paresseux est blâmé. || Je suis arrivé à Lyon : | j'ai visité cette ville; | et je l'ai quittée hier. ||

Cyrus fut belliqueux; il vainquit Crésus, roi de Lydie. — Mon père est parti, il visitera la France, et il reviendra dans un an. — La grammaire est utile; nous l'étudierons. — Mon frère est convalescent, sa maladie a été longue, et il se remet lentement. — Louis est studieux, il profitera de nos leçons, et tout le monde l'estimera. — Cet homme est mon ami; il sera le vôtre, si vous le secourez. — Vos frères étudient; les nôtres ne font rien, tant ils sont paresseux. — Nos soldats ont remporté la victoire; ils seront récompensés par le roi, qui les affectionne. — La rivière a grossi tout-à-coup; elle a inondé la campagne.—Ma sœur est aimable; aussi tout le monde l'estime.

## CII^e EXERCICE.

### *Analyse logique.* (261, 262, 263, 264.)

(Les élèves analyseront logiquement les propositions ci-après, de la manière suivante.)

*La création est admirable.*

Cette phrase renferme une seule proposition, parce qu'elle n'énonce qu'un jugement. Le sujet est la *création*; le verbe est *est*; l'attribut est *admirable.*

*Analysez ainsi :* La terreur sera grande. — Vous êtes soldat. — Manger est nécessaire. — Nous chantons (c'est-à-dire *nous sommes chantant*). — Vous viendrez (c'est-à-dire *vous serez venant.*) — Antoine partira. — Il est venu. — Ce cheval est le mien. — Ces plumes sont les nôtres. — Alexandre était brave.

## CIII[e] EXERCICE.

### *Analyse logique.* (265, 266 et 270.)

*Les leçons de la sagesse font le bonheur d'un enfant.*

Analysez ainsi : *Les leçons,* sujet complexe, ayant pour complément ces mots *de la sagesse; (font,* mis pour *sont faisant); sont,* verbe; *faisant,* attribut complexe, ayant pour complément ces mots *le bonheur d'un enfant.*

*Analysez de même :* La valeur des Grecs triompha de la multitude des Perses. — Le bonheur des mortels dure peu de temps. — Le secret d'ennuyer est celui de tout dire. — L'œil du maître aperçoit tout. — Les compliments d'un flatteur fatiguent l'homme modeste. — La vanité est ridicule même avec le mérite. — La gloire des élus sera éternelle.

## CIV[e] EXERCICE.

### *Analyse logique.* (268 et 269.)

1° *Les vices sont odieux.*

*Analysez ainsi :* Cette phrase renferme une seule proposition, parce qu'elle n'énonce qu'un jugement. Le sujet est LES VICES, *simple*, parce qu'il n'indique que des êtres de même espèce pris collectivement; *incomplexe*, parce qu'il n'a pas de complément. Le verbe est SONT. L'attribut est ODIEUX, *simple*, parce qu'il n'exprime qu'une seule qualité, ou pour mieux dire, qu'une seule mamanière d'être; *incomplexe*, parce qu'il n'a pas de complément.

2° *L'or et le fer sont nécessaires et nuisibles.*

Cette phrase renferme une seule proposition, parce qu'elle n'énonce qu'un jugement. Le sujet est L'OR ET LE FER, *composé*, parce qu'il exprime des êtres d'espèce différente; *incomplexe*, parce qu'il n'a pas de complément. Le verbe est SONT. L'attribut est NÉCESSAIRES ET NUISIBLES, *composé*, parce qu'il donne plusieurs qualités au sujet, *incomplexe*, parce qu'il n'a pas de complément.

*Analysez de même :* La paresse est insupportable. — L'eau et le feu sont utiles et indispensables. — La vertu sera récompensée. — Le fleuve et la rivière sont rapides et profonds. — L'âme est immortelle. — La prudence et le courage sont louables.

## CV° EXERCICE.

*Analyse logique.—Récapitulation.* (de 261 à 271.)

La crainte du Seigneur est le commencement de la sagesse. — Les méchants et les envieux sont craints et détestés de tout le monde. — Les amis sont rares et précieux. — Les peuples de l'Asie sont mous et efféminés. — La vie et la mort sont un mystère de la nature. — Les grandeurs éblouissent et aveuglent l'ambitieux. — La religion est utile et nécessaire aux hommes.

## CVIe EXERCICE.

*Analyse logique* (271, 272, 273.) *Proposition principale et proposition incidente.*

*La paix* QUI RÉSULTE DE LA VERTU *est préférable aux richesses.*

*Analysez ainsi :* Cette phrase renferme deux propositions, parce qu'elle a deux verbes à un mode personnel, *résulte* et *est*. La première proposition consiste en ces mots : *La paix est préférable aux richesses ;* et la seconde en ceux-ci : *qui résulte de la vertu*. La première est une proposition *principale*, parce que c'est à elle que se rapporte la seconde proposition. Le sujet est *la paix*, *simple*, n'exprimant qu'un seul être, un seul objet ; *complexe*, ayant pour complément *qui résulte de la vertu*. Le verbe est *est*. L'attribut est *préférable*, *simple*, n'exprimant qu'une seule manière d'être du sujet, une seule qualité ; *complexe*, ayant pour complément *aux richesses*.

La seconde proposition *qui est résultant de la vertu*, est *incidente*, parce qu'elle complète le sujet *la paix*, et qu'elle est liée à la proposition principale par le pronom relatif *qui*. Le sujet est *qui* (mis pour *laquelle paix*) ; *simple*, n'exprimant qu'un seul objet ; *incomplexe*, sans complément. *Est* est le verbe. L'attribut est *résultant ; simple*, n'exprimant qu'une seule manière d'être ; *complexe*, ayant pour complément *de la vertu*.

Analysez de même : *Ces airs* QUE VOUS AVEZ CHANTÉS, *sont harmonieux*. — *Les soldats* QUI ONT ÉTÉ RÉCOMPENSÉS, *sont courageux*. — *Le fleuve* QUE NOUS AVONS TRAVERSÉ *a ravagé nos champs*.

## CVII$^e$ EXERCICE.

*Analyse logique.* (274, 275, 276, 277, 278.)

Deux sortes de propositions principales.

*La crainte du Seigneur chasse le péché ; elle est le commencement de la sagesse.*

*Analysez ainsi* : Cette phrase a deux propositions, parce qu'elle a deux verbes à un mode personnel, *chasse* et *est*. La première, *la crainte du Seigneur chasse le péché*, est *principale absolue ; principale*, parce que c'est à elle que se rapporte la seconde proposition ; *absolue*, parce qu'elle a par elle-même et sans le secours d'aucune autre proposition, un sens complet. Le sujet est *la crainte ; simple*, n'exprimant qu'un seul être ; *complexe*, ayant pour complément *du Seigneur*. Le verbe est *est*. L'attribut est *chassant ; simple*, n'exprimant qu'une seule manière d'être ; *complexe*, ayant pour complément *le péché*.

La seconde, *elle est le commencement de la sagesse*, est *principale relative* ; parce que, quoiqu'elle ait par elle-même un sens complet, elle se lie à la proposition *absolue*, pour faire un sens total. Le sujet est *elle*, *simple*, n'exprimant qu'un seul être ; *incomplexe*, sans complément. Le verbe est *est ;* l'attribut, *le commencement ; simple*, n'exprimant qu'une seule manière d'être ; *complexe*, ayant pour complément *de la sagesse*.

*Analysez de même :* Les richesses sont souvent la cause de nos maux ; cependant nous les recherchons avec empressement. — La terre tourne autour du soleil ; on a cru longtemps le contraire. —

Le parfum et la variété des fleurs délectent les sens; mais les bons conseils d'un ami sont les délices de l'âme.

## CVIII$^{e}$ EXERCICE.

*Analyse logique.* (179, 180.)

Proposition incidente déterminative.

*L'homme* QUI TIENT A SON AMI UN LANGAGE FLATTEUR ET DÉGUISÉ, *tend un filet à ses pieds.*

*Analysez ainsi* : Cette phrase a deux propositions. La première, *principale absolue*, est conçue en ces termes : *L'homme tend* (est tendant) *un filet à ses pieds.* Elle est *principale*, parce que, etc. (*voyez l'exercice précédent*) ; elle est *absolue*, parce que, etc. (*voyez l'exercice précédent*). Le sujet est l'*homme, simple*, parce que, etc.; *complexe*, ayant pour compl. *qui tient à son, etc.* L'attribut est *tendant*; *simple*, parce que, etc.; *complexe*, ayant pour compl. *un filet à ses pieds.*

La seconde, conçue en ces mots : *qui tient* (est tenant) *à son ami un langage flatteur et déguisé*, est *incidente déterminative. Incidente*, parce qu'elle modifie le sujet de la principale (*l'homme*), auquel elle se joint par le pron. rel. *qui*; *déterminative*, parce qu'on ne pourrait la supprimer sans dénaturer le sens de la principale qu'elle complète. (En effet, cette proposition, *l'homme tend un filet à ses pieds*, étant prise toute seule, ne présente plus de sens). Le sujet est *qui* (mis pour *lequel homme*), *simple* et *incomplexe*. Le verbe est *est*; l'attribut, *tenant*; *simple*, n'exprimant qu'une seule manière d'être du sujet;

*complexe*, ayant pour compléments *à son ami* et *un langage flatteur et déguisé*.

*Analysez de même :* L'homme qui met sa confiance en lui-même, est un insensé. — Ce soldat est celui qui a enlevé deux drapeaux à l'ennemi. — Les enfants qui n'ont pas de reconnaissance envers Dieu sont des ingrats. — Nous serions heureux, si nous pratiquions la vertu.

## CIXe EXERCICE.

### *Analyse logique.* (179, 181.)

Proposition incidente explicative.

*Dieu sait,* QUAND IL LUI PLAIT, *faire éclater sa gloire.*

*Analysez ainsi :* Cette phrase renferme deux propositions. La première conçue en ces mots: *Dieu sait* (est sachant) *faire éclater sa gloire*, est principale absolue. Le sujet est *Dieu, simple* et *incomplexe*. L'attribut *sachant*, *simple* et *complexe*, ayant pour complément *faire éclater sa gloire*, et *quand il lui plaît*.

La seconde, conçue en ces mots : *quand il lui plaît*, c'est-à-dire, *quand cela est plaisant à lui*, est une *incidente explicative*, parce qu'elle modifie le sens de la principale par une simple explication, et de manière à pouvoir être supprimée sans détruire le sens de la proposition principale. En effet, supprimons *quand il lui plaît*, la proposition *Dieu sait faire éclater sa gloire*, présente toujours un sens complet. Le sujet est *cela*, *simple* et *incomplexe ;* le verbe est *est;* l'attribut, *plaisant, simple et complexe,* ayant pour compl. *lui* mis pour *à lui*.

*Analysez de même :* L'homme, qui est doué de la raison, ne doit jamais perdre de vue sa dignité. — L'orgueil, qui est un vice insupportable, nous rend odieux. — Cet enfant, que vous aimez, est bien méchant. — Vous ferez l'aumône, si vous le pouvez.

## CX[e] EXERCICE.

### *Analyse logique.* (283.)

Proposition elliptique.

*La tour est en ruines* (c'est-à-dire, *est* TOMBÉE *en ruines*).

*Analysez ainsi :* Cette phrase ne renferme qu'une proposition. Elle est *elliptique*, parce qu'il lui manque l'attribut *tombée*, qui est sous-entendu. Le sujet est *la tour*, *simple* et *incomplexe ;* le verbe est *est ;* l'attribut, *tombée ; simple*, n'exprimant qu'une seule manière d'être du sujet ; *complexe*, ayant pour compl. *en ruines.*

*Analysez de même :* La ville est aux abois. — Je suis à vous. — Mon père est à Rome. — Louis est plus sage que vous. — Turenne était aussi habile que modeste. — L'un est heureux, l'autre mécontent. — Le Rhône est rapide, ainsi que le Rhin. Peu parler est du sage. — (1) Viendrez-vous ?

---

(1) Il peut y avoir ellipse d'une proposition entière devant une autre proposition, surtout avec l'interrogation ou l'exclamation. Ainsi : *Viendrez-vous ?* est pour JE DEMANDE *si vous viendrez*, *etc.*

## CXI^e EXERCICE.

### *Analyse logique.* (284.)

Proposition implicite.

HÉLAS! *il a fait naufrage.*

*Analysez ainsi :* Cette phrase renferme deux propositions. La première est *implicite*, parce qu'elle comprend dans le seul mot *Hélas!* le sujet, le verbe et l'attribut, *hélas* signifiant *je suis fâché*. Le sujet est *je*; le verbe est *suis*; l'attribut est *fâché*.

La seconde est principale relative. Le sujet est *il*; le verbe, *a été*; l'attribut *faisant, simple* et *complexe* à cause du compl. *naufrage.*

*Analysez de même :* Voilà l'homme. — Au fait. — Quand arriverez-vous? Demain. — O Dieu! où sont vos élus? — Fi! votre conduite est odieuse.

## CXII^e EXERCICE.

### *Analyse logique.* (de 271 à 285.)

RÉCAPITULATION.

(Les élèves analyseront logiquement les phrases suivantes.)

Louis XII mérita et reçut de la nation le plus beau nom que les rois puissent porter. — Tout ce qui trouble l'harmonie publique est un excès de l'homme, et non un zèle et une perfection de la vertu. — Tant que le lion est jeune et qu'il a de la légèreté, il vit du produit de sa chasse et quitte rarement ses déserts, où il trouve assez d'animaux sauvages pour subsister. — Ezéchias dit à ses soldats : Ne craignez point; nous sommes plus forts que le roi des Assyriens; nous triompherons de l'armée innombrable, dans laquelle il met toute sa confiance.

## CXIII^e EXERCICE.

### *Noms composés.*

(L'élève mettra au pluriel les noms composés ci-après.)

N° 286. Un chat-huant, un arc-boutant, un bas-relief, une basse-taille, un bel-esprit, un beau-père, un blanc-bec, un bout-rimé, un cerf-volant, une chauve-souris, un chef-lieu, un chien-loup, un chou-fleur, une claire-voie, un cordon-bleu, un chou-rave, un faux-fuyant, une folle-enchère, un franc-maçon, un garde-champêtre, un grand-père, un petit-maître, une pie-grièche, une plate-bande une plate-forme, un pot-pourri, une sage-femme, une malle-poste, un sauf-conduit, un ver-luisant, un coffre-fort.

Un hôtel-Dieu, un appui-main, un bec-figue, un terre-plein, un blanc-seing, un cent-suisse, un chèvre-feuille, un havre-sac, un revenant-bon, un rouge-gorge.

N° 287. Une barbe-de-chèvre (*sorte de plante*), un bec-d'âne, un bec-de-canne, une belle-de-jour, un chef-d'œuvre, un ciel-de-lit, un corps-de-garde une eau-de-vie, un cul-de-jatte, un pied-d'alouette (*plante*), un pied-de-bœuf, un pot-de-vin, un arc-en-ciel, un pot-à-eau, un ver-à-soie, un cul-de-sac.

Un coq-à-l'âne, un pied-à-terre, un pot-au-feu, un fouille-au-pot, un vol-au-vent, un tête-à-tête.

N° 288. Un abat-jour, une arrière-boutique, un avant-bec, un avant-goût, un demi-ton, un entre-sol, une non-valeur, un passe-poil, un passe-temps, un sous-lieutenant, un sous-maitre, un vice-amiral, un vice-roi, un garde-fous, un tire-botte, un passe-droit.

Un casse-cou, un coupe-gorge, un crève-cœur, un contre-poison, un à-compte, un porte-drapeau, un réveille-matin, un remue-ménage, un rabat-joie, un prête-nom, un serre-file, un serre-tête, un souffre-douleur, un tire-bourre, un pique-nique, un tire-bouchon, un trouble-fête, un gâte-métier, un hausse-col, un gagne-petit, un couvre-feu, un passe-partout, un ouï-dire, un savoir-faire, un pour-boire, un qu'en dira-t-on.

## CXIV° EXERCICE.

### *Noms composés.*

(Les élèves corrigeront les fautes contre les N°° 286, 287, 288).

Les oraisons funèbres de Bossuet sont des chef-d'œuvres. — Il y a autant de chef-lieu qu'il y a de départements. — Les gros nuages sont, pour l'ordinaire, les avant-coureur de la tempête. — Ne soyez point assez simple pour croire aux loups-ga-garou. — Hier, après l'orage, nous avons vu deux beaux arc-en-ciels. — Les ver-à-soies sont originaires de la Chine. — Les oiseau-mouche sont des chef-d'œuvre de la nature. — Nos passe-port sont en règle. — Nous avons pris deux beaux cerf-volants. — Je crains beaucoup les demis-savant. — Nous avons acheté deux couvre-feux. — Les chat-huant ne sortent de leurs trous qu'au milieu des ténèbres. — Nous avons déjà reçu plusieurs à-comptes. — Nous avons semé des chou-fleur de belle espèce. — Notre ville a six Hôtel-Dieux parfaitement tenus. — J'ai acheté trois couvres-pied, douze essuie-mains, un chasse-mouche et un cure-dent. — Les eau-de-vies de Cognac sont estimées dans toute l'Europe. — Les petit-maîtres sont bien ridicules. — Souvent les blanc-seing ont donné lieu à bien des procès. — On a changé tous les garde-champêtres de notre canton.

Vous nous avez fait plusieurs passe-droit. — Nous avons perdu nos deux passes-partout. — Les renards cherchent à entrer dans les basse-cours pour emporter la volaille. — Evitez les trop longs têtes-à-têtes. — Nos arrières-neveu ne croiront pas l'histoire de nos malheurs. — Je crains que les contre-coup ne vous blessent. — Ce château a de belles plate-forme. — Ils étaient tous trois les boute-feux de cette révolte. — Le spectacle singulier des poisson-volants m'a fait éprouver un grand plaisir. — Cet usurier passe la plus grande partie de la nuit à visiter ses coffre-forts. — Ces jeunes gens sont plus dangereux pour vous que des coupe-gorges. — Mon fils est si distrait que souvent ses réponses ne sont que des coqs-à-l'âne. — Nous avons planté beaucoup de belle-de-nuit dans ce parterre. — Il n'a terrassé son adversaire qu'à l'aide de plusieurs croc-en-jambe. — Les vers-luisant se montrent surtout le soir après la pluie. — Les habitants de ce hameau sont tous des va-nu-pied.

## CXVe EXERCICE.

*Noms qui ont les deux genres* (de 289 à 306.)

L'espèce de l'aigle commune est moins noble que celle de la grande aigle. — Sous l'empire, les aigles français se sont montrés de Gibraltar aux rives de la Moskowa. — Les légions de Varrus virent les aigles romains foulés aux pieds par les barbares. — L'étude et la contemplation de la nature étaient ses seuls amours. — Une grande amour de Dieu détruit les amours profanes et criminels. — Pour savoir quelque chose, il faut l'avoir apprise. — Nous avons mangé à dîner un couple de poulets rôtis. — Quelle couple bien unie que ces deux amis! — Le chant du rossignol fait une de mes délices. — Muses, soyez toujours mes plus chèrs délices. — Cher enfant, disait cette mère désolée à sa fille, rien ne pourra me consoler de ton départ. — Vos exemples d'écriture sont tous tachés et mal faits. — Les anciens hymnes de l'Eglise ont le mérite de la simplicité. — La vie de Turenne est une hymne à la louange de l'humanité! — Parler et offenser pour de certains gens est précisément la même chose. — Peu de gens savent être dicrètes. — Toutes ces gens-là étaient-elles honnêtes? — L'œuvre de la rédemption fut accompli sur la croix. — Ce concerto se trouve dans la seconde œuvre de Paganini. — L'empereur d'Orient envoya de beaux orgues à Charlemagne. — L'église de Saint-Sulpice a une très belle orgue. — Personne n'est plus instruite que votre oncle.

## CXVI^e EXERCICE.

*Noms pris dans une langue étrangère.* — *Noms partitifs* (de 309 à 314).

Le clergé chante de beaux Te-Deum dans de belles églises. — Les lazzaronis forment une grande partie de la population de Naples. — Il met tous les matins six in-promptu au net. — Nous avons acheté dix in-folios. — Ce plaisant fait à tout moment des quiproquo ridicules. — Après la cérémonie, les femmes du peuple récitèrent à haute voix des paters, des ave, des credos. — Cet ouvrage se compose de trente-six in-quartos. — Arrivés à Brindes, nous prîmes deux ciceronis pour nous accompagner. — La plupart des hommes se trompe à la recherche du bonheur. — Peu d'écoliers se livre avec ardeur à l'étude. — Quelle foule de maux environne mon être. — Ce général avait peut-être la moitié de ses soldats qui le trahissait. — La plus grande partie des hommes meurt sans le savoir. — Un nombre infini d'oiseaux de proie faisait retentir la forêt de leurs cris perçants. — Quels prodiges un petit nombre de soldats persuadé de l'habileté de *son* général ne peut-il pas enfanter ? — Après la discussion, la chambre fut encore partagée ; la plupart prétendait que la loi était inutile. — Nous avons acheté des superbes poires. — Je vous enverrai des excellentes fraises. — Vous m'avez écrit des charmantes lettres.

## CXVII<sup>e</sup> EXERCICE.

*De l'article.* (315 - 321).

Les chameaux et dromadaires sont d'un grand usage en Orient et dans le nord de l'Afrique. — Les politiques et courtisans rient souvent de toute leur force, rarement de tout leur cœur. — Le second et sixième livre de l'Enéide abondent en beautés du premier ordre. — Un volcan vomit par une large ouverture des torrents de fumée et flammes, des fleuves de bitume, souffre et lave, des nuées de cendres et pierres. — La France du dix-septième et dix-huitième siècle était inférieure à beaucoup d'autres pays de l'Europe. — Dieu s'est choisi un peuple dont la bonne ou mauvaise fortune dépendit de sa pitié. — N'affectez point ici de soins si généreux. — Ne donnez jamais de conseils qu'il soit dangereux de suivre. — Nous n'avons jamais fréquenté de jeunes gens dont la conduite soit tant soit peu équivoque. — La France a des valeureux soldats. — De petits maîtres et de petites maîtresses sont des êtres insupportables dans la société. — Heureux! si de son temps, la Macédoine eût eu de petites maisons. — Nous avons récolté cette année bien d'avoine, et bien de blé. — Les grands esprits sont le plus susceptibles de l'illusion des systèmes. — La rose est la fleur que j'aime la mieux. — Cette pensée, disait madame de Sévigné est une de celles qui me tourmentent la plus. — Ces ouvriers ne murmurent pas, quoiqu'ils soit les moins payés que possible. — C'est auprès de ses enfants que cette excellente mère est la plus heureuse. — C'est aujourd'hui que nos leçons ont été les mieux apprises. — C'est sur le dos que le sanglier a la peau la plus dure.

## CXVIIIe EXERCICE.

### *Adjectifs qualificatifs.* (322-331).

Ces fleurs sentent bonnes. — Posez votre main plus basse. — Il prit ses mesures si justes, qu'on ne put l'arrêter. — On dit que les verres frottés de persil se cassent nets. — Les écoliers doivent être tenus fermes, mais sans rudesse. — Ces enfants ont l'air bons. — Mon devoir et ma tâche est finie. — Votre père et votre mère s'est plainte de vos procédés. — Nous avons vu jouer par les élèves du collége, le premier et second acte de ce drame de Berquin. — Corneille a réformé la scène tragique et comique par d'heureuses imitations. — Ma sœur a étudié les langues allemande et anglaise. — Les lecteurs seraient charmés de voir sous leurs yeux la comparaison de quelques scènes de la Phèdre grecque, latine, française et anglaise. — Si nul d'eux n'avait su marcher nus-pieds, qui sait si Genève n'eût point été prise? — Saint-Louis porta la couronne d'épines nus-pieds, nue-tête, depuis le bois de Vincennes jusqu'à Notre-Dame. — Nous sommes entrés dans l'eau les jambes nu. — Les Français proclamèrent d'une voix commune Louis XII père du peuple. — Homère fut un pauvre poète; on dit qu'il parcouraient les villes de l'Ionie demandant l'hospitalité. — Vos parents sont des gens honnêtes; ils sont incapables de faire tort à qui que ce soit. — Mon oncle est un homme petit ; il a à peine quatre pieds. — J'ai ouï dire à feue ma sœur que sa fille et moi naquîmes la même année. — Ma feu mère était une excellente femme.

## CXIX^e EXERCICE.

*Adjectifs possessifs.* (332-342.)

Le général a fait retirer les soldats chacun sous ses drapeaux. — Il faut que les députés s'en retournent chacun chez eux. — Ces deux dames ont vu mourir leur mari chacune dans la même semaine. — Nous sommes à Marseille ; j'ai trouvé son cours bien beau et son port bien tranquille. — Par elle-même, la ville de Lyon offre peu d'agréments, mais ses alentours sont délicieux. — La réforme du calendrier fut opérée en l'année mille cinq cents quatre-vingts-deux. — Un des plus célèbres édifices de la Chine est la tour de porcelaine, haute de deux cents quatre-vingt pieds, et au sommet de laquelle on arrive par un escalier qui a quatre cent marches. — La France paie onze cent million d'impôts. — Sait-il bien ce que c'est que cinq cent écus ? — Oui, Monsieur, il n'ignore pas que c'est mille cinq cent livres. — Sésostris mourut vers l'an mille six cents dix avant J.-C. — On prétend que le territoire de Rome ne comprenait que cinq ou six mille d'étendue. — Je n'aime pas les demies-mesures. — Envoyez-moi une douzaine et demi de bougies. — Cette pendule ne sonne pas les demi. — La Suède compose un royaume large d'environ deux cent de nos lieues, et long de trois cent. — Le Français de vingts-quatre ans l'a emporté, en plus d'un endroit, sur le Grec de quatre-vingt.

## CXXe EXERCICE.

*Adjectifs indéfinis.* (343 - 348).

Tous savants qu'ils sont, ils ne peuvent répondre. — Tous intrépides que sont nos soldats, ils ne viendront pas à bout de s'emparer de la citadelle. — Toutes heureuses que soient vos sœurs, elles ne laissent pas que d'avoir de nombreux ennuis. — Tout aimable que soit cette personne, elle ne saurait me plaire. — On l'a rapportée chez elle tout effrayée, tout pâle, tout malade ; elle avait déjà les yeux tous égarés, et la tête tout enflée. — Mes armes toutes aigues et tout tranchantes qu'elles sont ne m'ont pas été de grande utilité. — Elle fut tout aise et tout heureuse de rencontrer un malotru. — Quelques grands que soient vos torts, vous les avez cruellement expiés. — Quelques braves que soient vos frères, ils n'oseront se mesurer avec tant d'ennemis. — Je ne me rendrai pas quelque raisons que vous puissiez me dire. — Pourquoi l'air et l'eau, quelques agités qu'ils soient, ne s'enflamment-ils pas ? — Quelque soit votre hardiesse, vous ne réussirez pas dans cette entreprise périlleuse. — Quelque soit votre mérite, quelque soient vos richesses, quelque soient même vos talents, vous obtiendrez difficilement le poste éminent que vous demandez. — Donnez-moi une raison, quelqu'elle soit. — Quelques soient les lois, il faut toujours les observer.

## CXXI^e EXERCICE.

*Pronoms personnels.—Pronoms démonstratifs.*
(351 - 355.)

Une pauvre fille demande à être chrétienne, et on ne veut pas qu'elle la soit. — Je naquis sujette, et je la suis encore. — Je ne suis contente de personne, je ne la suis pas de moi-même. — Etes-vous mariée depuis longtemps, Madame? Je la suis depuis trente ans. — Scriez-vous les chasseurs que nous avons rencontrés hier? Nous le sommes. — Ne me trompé-je pas en vous croyant ma nièce? Oui, Monsieur, je le suis. — Etes-vous les héritiers du défunt? Nous le sommes. — Vous êtes, dites-vous, les envoyés du prince; prouvez-le. — Voici des papiers qui attestent que nous le sommes. — Rectifiez vos pensées; quand elles seront pures, vos actions les seront aussi. — Je demandais hier à vos tantes si elles étaient les fondatrices de notre hospice, elles me répondirent : Nous le sommes en effet. — Aucun n'est prophète chez lui. — Heureux qui vit chez lui, faisant tout son emploi de régler ses désirs! — Cette personne est contente de soi. — Ma mère vit retirée chez soi. — Ce fut les Français qui assiégèrent la place. — C'est les rois qui font le destin des mortels. — Ce fut les Phéniciens qui les premiers inventèrent l'écriture. — Un magistrat intègre et un brave officier sont également estimables; celui-ci fait la guerre aux ennemis domestiques, et celui-là nous protége à main armée contre les ennemis extérieurs. — Les talents ont un immense avantage sur la beauté; ceux-ci plaisent toujours, et celle-là n'a qu'un temps pour plaire.

## CXXII$^e$ EXERCICE.

*Pronoms relatifs et pronoms indéfinis.*
(356 - 363.)

Vous auriez raison de me blâmer, si c'était moi qui voulût partir. — Pour toi, mon fils, qui croit que l'âme est immortelle, tu aurais grand tort de suivre les conseils d'un impie matérialiste. — Sur la terre il n'est donc que moi qui s'intéresse à ta personne ! Le banc sur qui je me suis assis hier, a été frappé de la foudre. — Le puits autour de qui vous avez fait élever un mur, a été creusé il y a plus de trois siècles. — C'est à vous à qui je veux m'adresser pour avoir des renseignements sur cette affaire. — L'ennemi contre qui nos soldats ont marché, a été culbuté en moins d'une heure. — Le village aux environs de qui nous avons campé, a été deux fois brûlé, la première fois par nos soldats, et la seconde par les Russes. — Vous parlez comme un homme qui entendez la matière que l'on traite. — Ce ne sont pas des gens comme vous, Messieurs, qui vous permettez d'affirmer ce que vous ne savez pas. — Tu étais le seul qui pusse me dédommager de l'absence de Ricca. — Nous sommes ici plusieurs qui se souviennent des grands succès que nous eûmes dans la dernière guerre. — On est assez heureux, ma nièce, quand on est aimée de tout ceux qui nous entourent, et qu'on a, comme vous, des enfants vertueux.

## CXXIIIe EXERCICE.

*Verbes.* (de 386 à 399.)

Annoncerat-on cette fâcheuse nouvelle à votre père? — Votre ami est arrivé hier; repartirat-il bientôt en voyage? — Cet orateur parle-til sans préparation? — Lirat-on votre épître à l'académie? — Ce jeune homme comprendrat-il enfin quels sont ses plus chers intérêts? — Dusse-je vous fâcher, je vous dirai toujours la vérité. — Une bonne mère se demande souvent : aime-je un de mes enfants plus que les autres? — Cet écolier a un fort mauvais caractère; lui parle-je amicalement, il ne me répond pas; le reprimande-je; il me dit des injures. — Dors-je, quand il faut travailler? — Sens-je moins qu'un autre les mauvais procédés? — Sors-je de la question dont il s'agit maintenant? — Tu n'as pas encore été à la messe, mon enfant : va-y de suite. — Il y a un grand tumulte; vas-y mettre ordre. — L'eau du ruisseau se jette dans le verger; vas-en arrêter le cours. — Si tu n'aimes pas la campagne, va-ten à la ville. — Ton père est arrivé à Rouen; va y sans délai, car il brûle de te voir. — Si Paris te plaît davantage, va y demeurer. — Ce village est en proie à une terrible maladie; porte-y les secours de ton art. — J'aime beaucoup la campagne, menez m'y avec vous.

## CXXIVe EXERCICE.

*Verbes.* (391-399.)

Je souhaite, mon cher fils, que vous *réussir* (1) dans cette entreprise, et que vous en *retirer* tout l'avantage possible. — On doute qu'il *venir*. — Nous ne pensons pas que vous *mentir*. — Prêtez-moi un livre que je *pouvoir* lire pour me recréer. — Choisis un endroit où tu *être* tranquille, et où tu *pouvoir* méditer sur l'inconstance et l'ingratitude des hommes. — Il conviendra que je le *recevoir* moi-même. — Je n'assurerai pas que votre ami se *trouver* offensé de votre réponse. — Il fallait que vous *arriver* promptement. — J'avais à craindre que les magistrats ne *faire* des démarches préjudiciables à vos intérêts, et que votre affaire ne *devenir* par-là plus chanceuse : comme vous, j'aurais désiré que les choses *aller* plus lentement, mais qu'elles *parvenir* à un résultat satisfaisant. — J'étais si loin de croire que cette querelle *valoir* la peine d'être vengée, que je ne pensais pas même que quelqu'un *daigner* y prendre garde. — Lorsque le général *eut* ordonné que les rebelles *être* punis, il les fit conduire en prison. — Les Romains trouvèrent mauvais que Cicéron leur *rappeler* aussi souvent leur indifférence pour la république.

Il faut que je *finir* (393) avant que le maître arrive. — Il sera convenable que vous *achever* (393) toutes vos courses, lorsque nous vien-

(1) Les infinitifs en italiques sont les seuls que l'élève doive changer selon la régle de chaque numéro de la grammaire.

drons dîner. — Il a fallu que vous *signaler* (393) ces abus, pour qu'on les ait supprimés. — Quand nous aurons examiné les défauts de cette construction, nous ordonnerons qu'elle *être* démolie. — Votre père désirerait que vous *achever* (394), avant de partir pour la campagne. — Ce procès aurait exigé que vous *assister* (394) aux débats. — Cet avocat a su connaître et se servir de ces avantages. — Mon frère aime et se sert avec plaisir de vos livres. — Ce courrier va et revient de Marseille en deux jours. — Saint Louis aimait la justice et à chanter les louanges du Seigneur. — Je ne veux pas que mon fils apprenne à peindre, ni la musique. — Ce méchant homme hait et nuit à ses voisins dans toutes les circonstances. — Personne n'était plus capable que ce général de s'opposer et de prévenir la révolte. — Tous les jours vingt navires entrent et sortent du port. — Nous sommes satisfaits et sensibles à vos bons procédés. — Il faut que nous *employer* tout notre temps. — Vous nous avez trop rendu service pour que nous l'*oublier* jamais.

## CXXVe EXERCICE.

*Participes.* (401 - 403.)

Vos sœurs, que nous avons entendu chanter, ont fait des progrès rapides dans la musique. — Les femmes que j'ai vu travailler sont très actives. — La chanson que vous avez entendue chanter, a été faite par votre cousin. — Les oiseaux que vous avez vu s'envoler, ont ravagé notre jardin. — Les acteurs que j'ai vu jouer, n'ont pas répondu à mon attente. — Vos domestiques sont absents ; je les ai envoyé chercher vos ballots. — Les fruits que j'ai vus cueillir, n'étaient pas encore mûrs. — Les machines que nous avons admirées construire, sont l'ouvrage d'un architecte célèbre. — Les soldats que le général a faits prendre, étaient coupables de trahison. — Pour être sûr de la vérité de ces choses, il faut les avoir vu s'accomplir. — La dame que j'ai vu peindre, était très habile. — Votre sœur que j'ai vue peindre par cet artiste, n'est pas contente de son portrait. — Cette anecdote que j'ai entendue raconter, ne m'a jamais paru vraisemblable. — Où sont les livres que tu as envoyés chercher? — La maison que nous avons commencée à bâtir, ne sera pas achevée à la fin de l'année. — Les leçons que nous avons entreprises de donner, seront très intéressantes. — Les mathématiques que vous n'avez pas voulues que j'étudiasse, sont cependant fort utiles.

Les affaires que vous avez prévues que vous auriez sont-elles terminées? — La terre que j'ai ordonnée d'enlever, sera transportée dans le jardin. Telles sont les observations que j'ai crues devoir faire à ce jeune homme. — Les conditions que je n'ai pas voulues accepter, étaient injustes. — Les dames que nous avons crues reconnaître, n'étaient pas vos cousines. — Voilà deux monuments que longtemps on a crus avoir été élevés par les Grecs. — Les fruits que j'ai faits vendre, étaient magnifiques. — La foudre s'est faite entendre avec un fracas épouvantable. — Les portes que nous avons entendues ouvrir. — Les bons livres que vous avez négligés de lire, vous auraient formé l'esprit et le cœur. — La route que vous aviez résolue de suivre, il fallait la parcourir entièrement. — Souvent la fleur meurt avant la fin du jour qui l'a vu naître. —

Votre mère a fait ce portrait, je n'en peux douter, car je l'ai vu peindre.

## CXXVIe EXERCICE.

*Participes.* (404 - 407.)

Vous n'avez pas fait tous les efforts que vous auriez dus. — Nous avons obtenu du prince toutes les faveurs que nous avons voulues lui demander. — Mon père aime la paix ; il a toujours évité tous les procès qu'il a pus. — Nous avons fait depuis deux ans toutes les recherches qu'il a fallues pour éclaircir cette intéressante question. — Les grâces que vous aviez pensées obtenir. — Les secours que j'aurais désirés vous procurer. — La douleur que j'ai présumée que vous éprouveriez. — Ce sont là les motifs que vous avez crus que j'excuserais. — Je crois avoir pris toutes les mesures que vous m'avez dites de prendre. — Votre faute est plus grave que je ne l'aurais crue. — Les leçons qu'on nous a données sont plus difficiles que je ne l'aurais pensées. — Votre réponse a été beaucoup plus longue que je ne l'aurais voulue. — Cette somme que l'on m'a restituée ; est plus considérable que je ne l'aurais espérée. — Cette contrée est plus riche qu'on ne me l'avait dite. — Louise est plus vertueuse que vous ne l'aviez imaginée. — Nos princes sont aussi affables, aussi bons dans l'exil, que nous les avons connu au sein de la prospérité. — Ma sœur est toujours la même que je l'ai vu il y a dix ans. — Cette maison est telle que je l'ai construit.

## CXXVII^e EXERCICE.

*Participes.* (408. - 410.)

Alexandre a détruit plus de villes qu'il n'en a fondées. — Tout le monde m'a offert des services, et personne ne m'en a rendus. — Il sait beaucoup de choses, il en a inventées quelques-unes. — Ils eurent autant d'impatience d'aller à l'assaut qu'ils en avaient eue peu le jour précédent. — Le roi avait quatre cent cinquante mille hommes; l'empereur turc n'en a jamais eus autant. — Elle a fait l'aveu de ses fautes, elle n'en a pas oubliée une seule. — Je ne trouvai point le château au-dessous de la description que mon mari m'en avait fait. — Je me suis mise au balcon, la pluie m'en a chassé. — Quand à la fertilité de l'île, nous ne nous sommes pas trompés dans l'espérance que nous en avions conçu. — Cassius, naturellement fier et impérieux, ne cherchait dans la perte de César que la vengeance de quelques injures qu'il en avait reçu. — Ce sont là toutes les grâces que j'en ai reçu. — Vous vous plaignez de vos infortunes: hélas! combien n'en ai-je pas essuyées! — Ce prince est bienfaisant: les témoignages d'intérêt que j'en ai reçu, les secours que j'en ai obtenu, lui ont acquis toute ma reconnaissance. — Combien en a-t-on vu porter un cœur corrompu jusqu'aux pieds des autels!

## CXXVIII^e EXERCICE.

*Participes.* (410-413.)

Le peu de fautes que vous avez faites, vous assure le succès dans vos entreprises. — Le peu de soldats que le général a employé ont suffi pour pacifier la province. — Le peu de larmes que cet enfant a versées, prouve qu'il n'était pas fort touché. — Le peu de vivres qu'on a conservé ou recueilli, est porté à un prix qui effraie l'indigence. — Le peu de troupes qu'il a ramassé, ont tenu ferme dans leur poste. — Le peu de sagacité qu'il a montrée dans cette affaire, lui a fait perdre son crédit. — Le peu de sûreté que j'ai vue pour ma vie, à retourner à Naples, m'y a fait renoncer pour toujours. — Le trop d'eau qu'il eût versée eût produit un mauvais effet. — Toute cette armée de héros qu'on a levés, fera des prodiges de valeur. — Cette multitude innombrable de séditieux, se sont dissipés en un moment. — La douzaine d'œufs ont été mangés. — Une troupe de cigognes a été vu ce matin du côté du midi. — La plupart des bataillons que nous avons formé s'est déjà couverte de gloire. — Un petit nombre de personnes s'est présentée pour nous marquer la part qu'elle prenait à nos malheurs. — A la vue du danger, une foule de guerriers s'est offerte. — Une vingtaine de voyageurs s'est détachée de la troupe pour aller visiter le temple de Minerve.

## CXXIXe EXERCICE.

*Récapitulation générale sur les participes.*

La meilleure manière de ne pas se venger d'une injure est de ne pas imiter celui qui l'a fait. — Rien ne peut suppléer à la joie que les remords ont ôtés. — Les deux jeunes hommes qu'on avait accusé de vol, ont été reconnu innocents par le tribunal, et ils ont été renvoyé. — Les propriétés que nous avons vendu, ne plaisaient pas à nos parents. — Les honneurs sont institué pour récompenser le mérite. — Souvent on les brigue sans les mériter, et on en abuse quand on les a obtenu. — Elle n'a pas recherchée ces honneurs, quoiqu'elle les ait mérité. — Si elle ne s'est pas toujours servi de toute l'autorité qu'elle aurait pue prendre, du moins elle a employée tout son crédit pour assister tous ceux qui ont été obligé de réclamer son secours.

## CXXXe EXERCICE.

*Récapitulation générale sur les participes.*

Télémaque vit plusieurs des anciens rois de Lydie qui étaient puni pour avoir préférées les délices d'une vie molle au travail. — On voyait plusieurs de ces rois sévèrement puni, non pour les maux qu'ils avaient fait, mais pour les biens qu'ils auraient dus faire. — Les reproches que vous avez fait à mon fils, ma fille se les est appliqué à elle-même, parce qu'elle a reconnue qu'elle les avait mérité. — Elle m'a avouée qu'elle ne s'était pas assez occupé du soin de profiter des leçons que vous avez bien voulues lui donner. — Elle est convenu qu'elle s'est trop laissé aller à la paresse, et elle s'est engagé à faire de plus grands efforts. — Ce sont des enfants que nous avons vu naître, que nous avons vu élever, et auxquels nous attache l'amitié que nous n'avons jamais cessée d'avoir pour leurs parents. — La plupart de ces marchandises m'étant parvenu avarié, j'ai dû les réexpédier à la personne de qui elles m'étaient venu. — Combien de projets n'a-t-il pas fait ou réformé! Combien de services n'a-t-il pas rendu. — Autant de lois il a fait, autant de sources de prospérité il a ouvert.

## CXXI^e EXERCICE.

*Récapitulation générale sur les participes.*

Les odes que mon père à lu à l'académie lui ont valus les éloges de tous les gens d'esprit. — Vous n'avez pas faites les démarches que vous auriez dues. — Je crois avoir accordé à ce jeune homme toutes les faveurs que j'ai pues. — Les leçons que j'ai bien pressenties que vous ne sauriez pas, n'était pas aussi difficile que vous l'avez crue. — Nous nous sommes avisé d'un très bon expédient. — Ces soldats se sont joué de leurs serments; aussi ont-ils été puni de l'exil. — Pourquoi tant de fautes se sont-elles glissé dans cet ouvrage. — Quelle fureur de prétendre arracher des secrets que Dieu a voulus nous cacher! — La femme que nous avons vu dessiner faisait le portrait de sa fille. — Boileau dit en parlant de Louis XIV, qu'il a fait lui seul plus de belles actions que d'autres n'en ont lues. — Il est assez ordinaire aux personnes à qui le ciel a donné de l'esprit et de la vivacité, d'abuser des grâces qu'elles en ont reçu. — Les Asiatiques se sont faits un espèce d'art de l'éducation des éléphants, et les ont instruit selon leurs mœurs.

## CXXXIIe EXERCICE.

*Récapitulation générale sur les participes.*

Les fruits que je vous ai envoyé, je les ai cueilli sur les arbres que nous avons planté ensemble. — Avez-vous vue ma mère? Je ne l'ai pas même rencontré depuis un mois. — Ils ont été mieux accueilli qu'ils n'auraient dus s'y attendre. — Vos parentes sont-elles venu vous voir comme elles vous l'avait promises? — Ces enfants sont tombé et se sont déchirés le genoux. — Quoiqu'ils se fussent déguisé, ils furent reconnu et arrêté, et les plaintes déjà porté contre eux furent renouvellé et augmenté d'une infinité d'autres non moins accablantes. — La rapidité avec laquelle se sont succédé les événements nous a empêché de profiter des chances qui se sont présenté; les efforts que nous avons fait depuis, toujours paralysé par quelque accident imprévu, n'ont pas répondus à l'idée que nous en avions conçu, et n'ont pas complétement réussis. — Nous sommes parti, après les avoir attendu une heure et demie au-delà temps du convenu. — Ces jeunes gens, après s'être disputé, après s'être mutuellement adressés des injures, se sont retiré; ils s'en sont allé au grand contentement de tous ceux qu'avait scandalisée une telle conduite.

## CXXXIIIe EXERCICE.

*Récapitulation générale sur les participes.*

J'ai reçu les livres que vous m'avez adressé ; mais le domestique qui me les a apporté les ayant laissés (403) tomber, ils me sont parvenu un peu endommagé.—Le peu de talents que ce jeune homme a montrés dans cette circonstance ont prouvé qu'il était incapable de conduire les affaires qu'on aurait voulues lui confier. — Le peu de négligence qu'ont apportée ces jeunes gens, les a faits réussir dans l'étude des langues qui leur sont enseignés. — La foule des hommes sont souvent trompés par de fausses apparences. — Une multitude infinie de chenilles est tombée ces jours-ci dans mon jardin. — Votre oncle est un homme de mérite et de probité ; les témoignages d'intérêt que j'en ai reçu, les bons services que j'en ai obtenu, et, plus que cela, l'amitié qu'il a bien voulue me témoigner en mille rencontres, lui ont acquise toute ma reconnaissance. — Est-ce que vous n'avez plus de fraises dans votre jardin ? Vous en aviez cependant plantées de bien belles l'an passé. — La géographie est plus amusante que je ne l'aurais imaginée. — La terre que vous avez ordonnée de cultiver, est plus fertile que jamais on ne l'aurait pensée.

## CXXXIVe EXERCICE.

*Récapitulation générale sur les participes.*

Ces dames que nous avons vu hier à l'assemblée, les avez-vous reconnu ce matin dans le parc. — Se sont-elles faites un plaisir de causer avec vous ? — Cette tour est toujours telle qu'on l'a réparé il y a dix ans. — Les arbres que j'ai résolus de tailler moi-même, ont été endommagé par les jardiniers que m'avait procuré votre père. — Les dix années que ce prince a régnées ont toutes été marqué par des bienfaits. — Les leçons que j'aurais désirées que vous apprissiez, mon fils, vous ne les avez pas même regardé. — Vous n'avez pas même lus les vers que je vous avais tant recommandés d'apprendre. — Les prétextes que vous n'avez cessés de reproduire ne peuvent plus excuser votre insouciance. — Les sommes immenses qu'ont coûtées ces travaux ont épuisée la nation. — Les bénéfices que lui ont procuré tant de travaux, il les a absorbé dans la débauche. — Cette personne s'est toujours moqué de moi. — L'alouette que j'avais mis en cage, s'est enfui ce matin. — La haine s'est emparé de l'âme de cette mère ulcéré par l'ingratitude de son malheureux fils. — Ma tante s'est servi de son crédit pour m'obtenir cette place. — Ces dames s'étaient bien douté d'un tel résultat. — Vos frères se sont ris de mes avis ; mais je crois qu'ils se sont plus nuis à eux-mêmes qu'à moi.

## CXXXV[e] EXERCICE.

*Récapitulation générale sur les participes.*

Quelques-uns de nos auteurs modernes se sont imaginés qu'ils surpassaient les anciens. — Saturne, né du Ciel et de la Terre, eut trois fils qui se sont partagés le domaine de l'univers. — Votre sœur s'est beaucoup loué de votre conduite ; mais elle s'est plaint de celle de votre frère. — Ces jeunes étourdis s'étaient persuadé qu'on n'oserait les contredire. — Ma patrie, ma famille, se sont présenté à mon esprit : ma tendresse s'est réveillé. — L'un et l'autre avant lui s'étaient plaint de la rime. — La réputation de Racine s'est accru de jour en jour. — C'est une chose qui mérite d'être remarqué que la plupart des grands hommes de mer que la France a produit se sont formé dans la marine marchande. — Quels honneurs les grands princes n'ont-ils pas rendu à ceux qui se sont distingué dans les arts. — La grande inondation qu'il y a eue hier a fait des ravages effroyables. — Il s'est rassemblé une foule de gens armés ; on ignore les projets qu'ils ont formé. — Il s'est trouvées dix personnes chez moi pour régler vos affaires. — Les Perses, adorateurs du soleil, ne souffraient point les idoles, ni les rois qu'on avait fait dieux. — Ces jeunes gens se sont avoués leurs torts réciproques, après s'être dénoncé auteurs du délit. — Les grandes causes se sont subordonnées les petites. — Les petites causes se sont subordonné aux grandes. — Ils se sont liés les jambes. — Ils se sont lié d'amitié.

## CXXXVIe EXERCICE.

### *Récapitulation générale sur les participes.*

Les grands hommes appartiennent moins au siècle qui les a vu naître et qui jouit de leurs talents qu'au siècle qui les a formé. — Les ariettes que j'ai entendues chanter ne sont point nouvelles. — Cette comparaison est bonne, je l'ai déjà entendue faire à un savant. — Les secours que l'on vous a offert, ma mère, je vous les ai vu imprudemment dédaigner. — Les secours que vous avez imploré, Madame, je vous les ai vus inhumainement refuser. — Elle s'était laissée renfermer pour se dérober aux poursuites de ses créanciers. — Entraîné par le torrent, il se trouva malgré lui hors de la route qu'il avait résolue de suivre. — Telles sont les réflexions que j'ai crues utile de vous soumettre. — Elle m'a payé toutes les sommes qu'elle m'a dû. — Il nous fit comprendre que la chose était plus sérieuse que nous ne l'avions pensée d'abord. — J'ai perdu plus de pièces de cinq francs que vous n'en avez gagnées. — La crainte de faire des ingrats, ou le déplaisir d'en avoir trouvés, ne l'ont jamais empêché de faire du bien. — Par son analyse, Descartes fit faire plus de progrès à la géométrie, qu'elle n'en avait faits depuis la création du monde.

## CXXXVII^e EXERCICE.

*Récapitulation générale sur les participes.*

Mon voisin avait une jolie maison; il a dissipé follement tous les revenus qu'il en a retiré. — On ne pouvait pas se plaindre de son administration, quoiqu'elle ne répondît pas aux espérances qu'on en avait conçu. — Quelle guerre intestine avons-nous allumé! — Combien de devoirs cette femme n'a-t-elle pas trahi en un seul jour! — Combien de pleurs m'eût épargné cette philosophie chrétienne que vous traitez de grossière! — Combien à vos malheurs ai-je données de larmes! — Quelle main en un jour t'a ravis tous tes charmes? — Le peu d'affection que vous lui avez témoigné lui a rendu le courage. — D'où viennent ces difficultés, si ce n'est du peu d'application qu'on y a donnée. — Le peu de lumières que j'ai acquis me font connaître votre erreur. — Le peu d'exactitude que j'ai trouvée dans cet ouvrage ne m'a pas prévenu en faveur de l'auteur. — Ne goûtons-nous pas mille fois par jour le prix des combats que notre situation nous a coûtée ? — Votre sœur n'est plus ; je l'ai vu souffrir et mourir sans jamais marquer un instant de faiblesse. — Vous avez agi avec toutes les précautions que la prudence vous a prescrites d'employer. — L'épître que vous m'aviez commandée d'apprendre, n'est pas aussi facile que vous me l'aviez annoncée. — Nous nous sommes procurés les journaux où cette anecdote est rapporté. — La jeune personne que j'ai entendu chanter a une fort belle voix. — Les contredanses que je lui ai vues danser sont fort anciennes. — Nos parents se sont imposés une tâche bien difficile à remplir.

## CXXXVIII° EXERCICE.

### *Adverbe, préposition et conjonction.*

(415 - 424.)

Léonidas comptait davantage sur la valeur que sur le nombre de ses soldats. — Votre frère a davantage de fortune que moi, mais j'ai davantage de réputation que lui. — De toutes les fleurs d'un parterre, la rose est celle qui me plaît davantage. Je suis prés de maintenir mon sentiment la plume à la main, jusqu'à la dernière goutte de mon encre. — Rome prête à succomber, se soutint principalement durant ses malheurs, par la constance et par la sagesse du sénat. — Nous n'irons pas en campagne, nous n'avons pas même envie d'y aller. — Les hommes, les animaux, les plantes mêmes, sont sensibles aux bienfaits. — J'ai tout à craindre de leurs larmes, de leurs soupirs, de leurs plaisirs mêmes. — Les même vertus qui servent à fonder un empire servent aussi à le conserver. — Ceux qui se plaignent de la fortune, n'ont souvent à se plaindre que d'eux-même. — Les Romains n'ont vaincu les Grecs que par les Grecs même.

Toute la famille s'y est rendue, exceptés lui et moi. — Supposée cette circonstance, nous ne pourrons nous rendre à vos désirs. — Vous et moi excepté, toute la maison partira ce soir en campagne; mais, l'arrivée de mon oncle supposé, nous resterons tous ici pour y passer les fêtes. — Nous avons vu cette nuit un loup énorme rôder à l'entour de la bergerie. — Boileau dit d'un mauvais ouvrage : J'en ai lu la préface à l'entour d'un caudebec. — Le lion fait résonner sa queue à l'entour de ses flancs. — Le capitaine entra dans la maison, et les soldats campèrent autour. — Les plus tôt arrivés se sont placés auparavant les autres. — Auparavant le déluge les hommes vivaient beaucoup plus longtemps. — Ne récitez pas encore vos leçons; vous ne les savez pas : étudiez-les avant. — Soliman, transporté de fureur, se plongea son épée à travers du corps, et mourut en vomissant des imprécations contre les chrétiens. — A cette vue l'armée se précipite au travers le camp des Turcs, et y met tout à feu et à sang.

## CXXXIXe EXERCICE.

PONCTUATION. — *La virgule.* (225 - 230.)

La richesse le plaisir la santé deviennent des maux pour qui ne sait pas en user. Les plaisirs de l'esprit la tranquillité de l'âme la joie la satisfaction se trouvent souvent à la suite d'une médiocre fortune. Cet homme est brutal dur avare jaloux. Une jeune personne polie affable laborieuse est aimée de tout le monde. Il alla dans cette caverne trouva des instruments abattit les peupliers et mit en un seul jour un vaisseau en état de voguer. Il sait régler ses goûts ses travaux ses plaisirs. On lève l'ancre on part on fuit loin de la terre. Vous devez aimer respecter imiter votre père. Le mépris la haine la crainte le ressentiment la défiance toutes les passions se réunissent contre une autorité si odieuse. Les conseils de l'Evangile forment le véritable philosophe et ses préceptes le véritable citoyen. L'homme de talent présente les choses avec plus d'avantage il les choisit avec plus de goût il les dispose avec plus d'art il les exprime avec plus de finesse et de grâce. Le temps qui consume tout détruira les erreurs même. Sous le règne d'Isabelle l'Amérique fut découverte par Christophe Colomb. Les passions qui sont les maladies de l'âme ne viennent que de notre révolte contre la raison. La vie disait Socrate ne doit être que la méditation de la mort. Le cœur pour être touché n'a pas besoin d'être ému. On a toujours raison le Destin (229) toujours tort. La complaisance nous fait des amis et la vérité des ennemis. Les campagnes sont couvertes de fleurs et les collines de verdure.

## CXLᵉ EXERCICE.

PONCTUATION. — *Point et virgule.* (231.)

Nous souffrons volontiers qu'un homme fasse devant nous l'éloge de son cœur nous ne lui pardonnons pas de faire celui de son esprit. Gardez-vous bien d'ajouter à la faute de votre promesse celle de l'accomplir contre les lois de la nature offrez à Neptune cent taureaux plus blancs que la neige faites couler leur sang autour de son autel couronné de fleurs faites fumer un doux encens en l'honneur de ce dieu. Travaillez, prenez de la peine c'est le fonds qui manque le moins. Les délicats sont malheureux rien ne saurait les satisfaire. C'est par la sagesse que je deviendrai illustre parmi les nations que les vieill[illegible] specteront ma jeunesse que les [illegible] mauva[illegible]ront que je serai aimé dans la pa[illegible] et redouté dans la guerre. Le soleil venait de se coucher l'éclat mourant du jour tempérait l'horreur des ténèbres la fraîcheur naissante de la nuit calmait les feux de la terre embrasée. N'attendez pas, Messieurs, que je représente ce grand homme étendu sur ses propres trophées que je découvre ce corps pâle et sanglant que je fasse crier son sang comme celui d'Abel. Si quelqu'un a parlé de toi par légèreté, il faut n'y point faire attention si c'est par folie, il faut le plaindre si c'est pour te fâcher, il faut lui pardonner.

Ces assassins sanglants vers mon lit s'avancèrent
Leurs parricides mains devant moi se levèrent
Je touchais au moment qui terminait mon sort
Je présentai ma tête, et j'attendis la mort.

## CXLI^e EXERCICE.

PONCTUATION. — *Deux points ; points suspensifs.* (232 - 236.)

Il faut céder à l'usage et à l'autorité ce sont deux pouvoirs que l'on ne peut récuser. Les hommes sont comme les statues il faut les voir en place. La modestie est au mérite ce que les ombres sont au tableau elle lui donne de la force et du relief. Les plantes composent trois grandes familles les herbes, les arbrisseaux et les arbres. Roscius est un si grand acteur, qu'il paraît seul digne de monter sur le théâtre mais il est si homme de bien, qu'il paraît seul digne de n'y monter jamais. Pythagore a dit mon ami est un autre moi-même; et Plaute le bien que l'on fait à d'ho[illegible] n'est jamais perdu. Il ne faut jamais mépriser ceux qui sont moins riches que nous car qui vous a dit que la fortune ne vous délaissera pas un jour. L'exercice, la sobriété, le travail voilà trois médecins qui ne se trompent pas. La petitesse de l'esprit fait l'opiniâtreté nous ne croyons pas aisément ce qui est au-delà de ce que nous voyons. Dieu ne cesse de crier au coupable Tes crimes secrets ont été vus; et au juste oublié Tes vertus ont un témoin. L'indépendance de l'esprit aboutit à deux abîmes le doute ou l'incrédulité. La santé, l'exercice, l'appétit tels sont les meilleurs assaisonnements d'une table. Mentor dit à Télémaque Jupiter vous éprouve, mais il ne veut pas votre perte.

Je devrais sur l'autel où ta main sacrifie
Te (236) mais du prix qu'on m'offre il faut me contenter

Mais quel spectre se meut au fond de cet abîme (236)
C'est ma mère, grands dieux Fuyons mais la voici.

## CXLII^e EXERCICE.

PONCTUATION. — *Différents points.* (237 - 240.)

L'Ecriture sainte n'est pas une science de l'esprit, mais du cœur Elle n'est intelligible que pour ceux qui ont le cœur droit Le voile qui est sur l'Ecriture pour les Juifs, y est aussi pour les chrétiens La charité est non seulement l'objet de l'Ecriture sainte, mais elle en est aussi la porte Comme on se gâte l'esprit, on se gâte aussi le sentiment On se forme l'esprit et le sentiment par les conversations Ainsi les bonnes ou les mauvaises le forment ou le gâtent Il importe donc de tout bien savoir choisir Les belles actions cachées sont les plus estimables Quand j'en vois quelques-unes dans l'histoire, elles me plaisent beaucoup O malheureux qui avez été si longtemps esclave du vice, pourquoi, après avoir rompu ses chaînes, vous y remettez-vous Quel est l'animal qui vienne de nouveau s'engager dans les filets dont il s'est une fois délivré Combien de personnes disent dans la vieillesse : Hélas que ne pensais-je dans ma jeunesse, comme je pense aujourd'hui Faut-il que ces premières années ne puissent revenir à présent que j'ai changé de sentiments Regrets trop tardifs Que Dieu est grand qu'il est digne de louanges que la splendeur de sa majesté est éclatante que sa souveraineté est douce et terrible Viendrez-vous demain Qui est-ce qui a suspendu ces milliers de globles immenses dans l'espace qui est-ce qui les modère depuis tant de siècles O mon Dieu toutes ces merveilles ne sont-elles pas l'ouvrage de vos mains Que faisiez-vous au temps chaud Vous chantiez j'en suis fort aise O jeunesse ô plaisirs jours passés comme un songe Ensemble ils répétaient : J'ai grand froid j'ai grand faim Que faut-il pour mener une vie irréprochable Ne pas faire ce qu'on blâme dans les autres.

## CXLIII° EXERCICE.

*Récapitulation sur toutes les règles de la ponctuation.*

La vérité seule est la lumière de notre esprit la règle de notre cœur la source des vrais plaisirs le fondement de nos espérances la consolation de nos craintes l'adoucissement de nos maux le remède de toutes nos peines Elle seule est la source de la bonne conscience la terreur de la mauvaise la peine secrète du vice la récompense intérieure de la vertu elle seule immortalise ceux qui souffrent pour elle attire les honneurs publics aux cendres de ses martyrs et de ses défenseurs et rend respectables l'abjection et la pauvreté de ceux qui ont tout quitté pour la suivre enfin elle seule inspire des pensées magnanimes forme des âmes héroïques des sages seuls dignes de ce beau nom Le système de la Nature qui détruit tout le livre de l'Esprit qui fait tout hair ne sont pas de mon goût faible j'ai besoin d'appui sensible j'ai besoin d'aimer On demande quatre choses à une femme que la vertu habite dans son cœur que la modestie brille sur son front que la douceur découle de ses lèvres et que le travail occupe ses mains La mort n'effraie point l'homme vertueux qui satisfait du rôle qu'il a joué se retire de la scène avec tranquillité et dit J'ai vécu j'ai bien fourni la carrière que le sort m'avait tracée.

## CXLIVe EXERCICE.

*Récapitulation sur toutes les règles de la ponctuation.*

Le flatteur est un esprit souple et commode qui vient servilement sourire à tous vos regards et applaudir à toutes vos actions qui étudie vos penchants pour les suivre vos liaisons pour les cultiver vos défauts même pour les encenser qui vous approuve en public et qui vous condamne en secret Mentor nous dit qu'il avait été autrefois en Crète et il nous expliqua ce qu'il en connaissait Cette île dit-il admirée de tous les étrangers et fameuse par cent villes nourrit sans peine tous ses habitants quoiqu'ils soient innombrables C'est que la terre ne se lasse jamais de répandre ses biens sur ceux qui la cultivent Son sein fécond ne peut s'épuiser plus il y a d'hommes dans un pays plus ils jouissent de l'abondance La terre cette bonne mère multiplie ses dons selon le nombre de ses enfants qui méritent ses fruits par le travail L'ambition et l'avarice des hommes sont les seules sources de leur malheur Les hommes veulent tout avoir et ils se rendent malheureux par le désir du superflu S'ils voulaient vivre simplement et se contenter de satisfaire aux vrais besoins on verrait partout l'abondance la joie la paix et l'union.

## CXLVe EXERCICE.

*Récapitulation sur toutes les règles de la ponctuation.*

Les esprits forts savent-ils qu'on les appelle ainsi par ironie Quelle plus grande faiblesse que d'être incertain quel est le principe de son être de sa vie de ses sens de ses connaissances et quelle en doit être la fin Quel découragement plus grand que de douter si son âme n'est point matière comme la pierre et le reptile et si elle n'est point corruptible comme ces viles créatures N'y a-t-il pas plus de force et de grandeur à recevoir dans notre esprit l'idée d'un être supérieur à tous les êtres qui les a tous faits et à qui tous se doivent rapporter d'un être souverainement parfait qui n'a point commencé et qui ne peut finir dont notre âme est l'image et si j'ose le dire une portion comme esprit et comme immortelle Je sens qu'il y a un Dieu et je ne sens pas qu'il n'y en ait point cela me suffit tout le raisonnement du monde m'est inutile je conclus que Dieu existe Cette conclusion est dans ma nature j'en ai reçu les principes trop aisément dans mon enfance et je les ai conservés depuis trop naturellement dans un âge plus avancé pour les soupçonner de fausseté mais il y a des esprits qui se défont de ces principes c'est une grande question s'il s'en trouve de tels et quand il en serait ainsi cela prouve seulement qu'il y a des monstres.

## CXLVI<sup>e</sup> EXERCICE.

*Récapitulation sur toutes les règles de la ponctuation.*

L'homme est né menteur la vérité est simple et ingénue et il veut du spécieux et de l'ornement elle n'est pas à lui elle vient du ciel toute faite pour ainsi dire et dans toute sa perfection et l'homme n'aime que son propre ouvrage la fiction et la fable Voyez le peuple il controuve il augmente il charge par grossièreté et par sottise demandez même au plus honnête homme s'il est toujours vrai dans ses discours Une chose arrive aujourd'hui et presque sous nos yeux cent personnes qui l'ont vue la racontent en cent façons différentes celui-ci s'il est écouté la dira encore d'une manière qui n'a pas été dite quelle créance donc pourrai-je donner à des faits qui sont anciens et éloignés de nous par plusieurs siècles quels fondements dois-je faire sur les plus graves historiens que devient l'histoire César a-t-il été massacré au milieu du sénat y a-t-il eu un César quelle conséquence me dites-vous quels doutes quelle demande Vous riez vous ne me jugez pas digne d'une réponse et je crois même que vous avez raison Si ma religion était fausse je l'avoue voilà le piége le mieux dressé qu'il soit possible d'imaginer il était inévitable de ne pas donner tout au travers et de n'y être pas pris quelle majesté quel éclat des mystères quelle suite et quel enchaînement de toute la doctrine quelle raison éminente quelle candeur quelle innocence de mœurs quelle force invincible de témoignages rendus pendant trois siècles entiers par des millions de personnes les plus sages les plus modérées qui fussent alors sur la terre et que le sentiment d'une même vérité soutint dans l'exil dans les fers contre la vue de la mort et du dernier supplice

FIN.

recevra de lui des consolations infiniment plus douces et plus pures que toutes celles que le monde peut procurer par tous ses amusemens et toutes ses fêtes.

Quant aux visites de la Sainte Vierge, c'est le sentiment de saint Bernard et d'une infinité d'autres, que Dieu ne dispense aucune grâce que par les mains de Marie : *Nihil voluit nos habere, quod per manus Mariæ non transiret.* De là vient qu'au témoignage du docte Suarès, c'est aujourd'hui le sentiment de l'Eglise, que l'intercession de Marie est non-seulement utile, mais encore nécessaire pour obtenir les grâces du Ciel : *Sentit Ecclesia Virginis intercessionem esse utilem ac necessarium.* Et ce qui appuie bien solidement ce sentiment, c'est que l'Eglise elle-même applique à Marie ces paroles de la sainte Ecriture : *In me omnis spes vitæ et virtutis*, Eccles. 24. Dans moi est fondée l'espérance de la vie et de la vertu.

qui m'écoute, qui est assidu à venir chaque jour solliciter ma protection! *Beatus homo qui audit me et vigilat ad fores meas quotidiè*, Prov. 8.; parce qu'en me trouvant, il trouve la vie et le salut dans le Seigneur: *Qui me invenerit, inveniet vitam et hauriet salutem à Domino*, ibid. C'est donc avec raison que l'Eglise veut qu'en saluant Marie, nous l'appelions notre commune espérance: *Spes nostra, salve.*

C'est pourquoi saint Bernard, qui appeloit Marie tout le fondement de son espérance: *Tota ratio spei meæ*, nous dit: Cherchons la grâce, et cherchons-la par Marie: *Quæramus gratiam, et per Mariam quæramus.* Autrement, dit saint Anselme, ce seroit comme si l'on vouloit voler sans ailes: *Qui petit sinè ipsâ duce, sinè alis tentat volare.*

On peut trouver ailleurs le récit des faveurs innombrables que la Mère de Dieu a obtenues pour ceux qui ont

www.ingramcontent.com/pod-product-compliance
Ingram Content Group UK Ltd.
Pitfield, Milton Keynes, MK11 3LW, UK
UKHW022106190726
13855UKWH00002B/686

9 782013 446136